U0962903

铁葫芦

图书在版编目（CIP）数据

戏梦纽约 /（美）周龙章著. —北京：北京联合出版公司，2016.9

ISBN 978-7-5502-8354-1

Ⅰ.①戏… Ⅱ.①周… Ⅲ.①周龙章—自传 Ⅳ.①K837.125.78

中国版本图书馆CIP数据核字（2016）第192364号

本书由幸运儿文化事业有限公司授权北京磨铁图书有限公司独家在中国大陆地区出版简体字版，发行销售地区仅限中国大陆地区，不包含香港澳门地区。

北京市版权局著作权合同登记　图字：01-2016-5700

戏梦纽约

作　　者：（美）周龙章

责任编辑：李　征

北京联合出版公司出版

（北京市西城区德外大街83号楼9层　100088）

北京盛通印刷股份有限公司印刷　新华书店经销

字数：210千字　880mm × 1270mm　1/16　印张：20.5

2016年9月第1版　2016年9月第1次印刷

ISBN 978-7-5502-8354-1

定价：48.00元

陈丹青绘

目录

第二部 我看人物

推荐序

我说亚伦

| 陈丹青

我与龙章相交，居然三十二年了。此刻写他，记忆委实太多——我怎会认识这个活宝？我们怎做了这么久的朋友？

“丹青丹青！侬是我顶好顶好的朋友！”龙章常对我叫道。我心想，这家伙过手的朋友太多了，对别人也这么说吧——其实人在自己的行当和圈子外，总有个把远离众人而无话不谈的私交。这类私交，又常是性格脾气并不搭，亦非时时面见的，可是年月久了，两头心照，真会弄得如同弟兄，在对方身上瞧见自己。我与龙章便是这样的角色。如今彼此老了，我发现我真是龙章顶好的朋友。

他随时会把家里的钥匙交给我。回纽约，他就接机，送我到家门便径自走了，不约他，他也不打电话。我回北京居住十余年期间，母亲仍在纽约，直到老人去世，龙章天天夜里——几乎每天夜里——和我妈妈通话聊天。谁愿意跟八十多岁的老人周旋呢？可不记得有多少次，龙章开了车带我妈妈和她的老年朋友出去玩。

龙章自己呢，每有爱人，或是爱人跑了，就会跟我说，说着说着，忽然大叫："哎哟！你烦了，不讲了。"

难得一起夜饭，出去走走，龙章欢天喜地，要说一百遍"好开心！好开心"。他有时叫我"丹青"，有时如我妈，叫我小名"阿儿"，他大惊小怪地叫着，不是亲昵的意思，而是说话说急了——当他劝我当心某人某事，或是好久好久没通话，一听是我，他就随口叫出来。现在只剩龙章能和我讲从前的上海话了，那种连接到一九四九年前的上海话。

我把龙章看成是顶好的朋友吗？不，他简直是位师傅，是我常年的私人教授。如果没有龙章，我不能想象是否能懂得人怎样在美国江湖如泥鳅般生存。是他领我认识纽约这块地面，从深处感知台湾人的委屈与韧性，领略演艺圈乃至种种功名圈的荒谬、虚空、喜感，看清了海外华人的伟大与猥琐。

也是龙章，教我窥见了同性恋的种种日常煎熬和幽秘的人性。最近我直接称他是哲学家——"喔哟！"他跳开一步叫道，"丹青侬吓煞我！"——从他那里获知的生命道理，远远多于读书。说起读书，那是龙章不胜自卑而顽强的情结，他和我一样不喜知识分子，他的所谓"感悟"全部来自历练，来自天性。

可是奇怪，当龙章因种种人事而感慨种种人性，总是如上海弄堂的老阿姨，直白而简单——“喔哟！为了这只屁奖，为了这眼眼铜钿，伊是功夫做足！”或者“伊也弗想想这把年纪，拿只面孔涂得雪白，两根眉毛画到耳朵边，根本是只鬼嘛！穿件低胸出来混 Party。”……更奇怪的是，龙章不知道自己是个幽默家，每次我被他逗得破口大笑，他依然愁眉苦脸，从未跟着乐起来，顶多叹口气，说下去。说对，立即改换某人的声调、语气、方言——是的，他不觉得好笑，可哀吗？龙章说着说着，我又爆笑了。

可惜龙章不写作，他随时随地在观察，要是都肯写下来，便是域外人世的百科全书。龙章阅人多矣。准确地说，海峡两岸所有艺术门类的名角儿——演艺、戏曲、电影、音乐、美术（名单不必说了，都在他的书里）——只要谁想来纽约混个临时半会儿的世面，讨个亦真亦假的说法，兜来转去，不得门径，但凡摸到龙章这一脉，便有戏份，便有斩获（其中详情也不必说了，看龙章的书便是）。他任美华艺术协会的头儿三十多年，手下仅一个时或更换的秘书，却是短袖善舞，长年经营，不知为全球华人艺术家做了多少事情。

自二十世纪六七十年代，越八九十年代，到新世纪，只要你说得出两岸、海外华人演艺舞台一拨拨新老明星的名，都经龙章邀请与接送安排兼陪伴，得以在纽约露露脸。即便是露不了脸，日后成了大腕儿，不管说起不说起，背后都藏着龙章的身影。可是龙章不居功、不上台、不声张，更不掖着人情债。龙章是害羞而看破的人，机巧、率真、干练、辛苦，鞍前马后，迎来送往，心里藏着不晓得多少故事，如今是该出面说说了。

龙章还有一绝，因工作关系，纽约州长、纽约市长、纽约的议员政客，三十多年来不知换了多少届，龙章屹立不倒，那摊子事情玩到今天，实在是他与这些美国政客周旋久矣，阅人也多矣。当年朱利安尼市长怎样倚赖警察局长遏制犯罪，警察局长的同性相好怎样是个亚洲男孩，市长有了私家麻烦怎样匿居警察局长家里……他说来好比隔壁邻居事。又譬如希拉里和奥巴马竞选后，他说美国人实在急了，应该先选能干的女人收拾小布什的烂摊子，然后等等，再扶个黑人上朝，美国诸事可就圆转得多了……六七年下来，世界也都看见了此事的得失。而龙章私下说起美国政坛的大事小事，也如家常，可比上海弄堂的老阿姨。

从前的上海，我指的是我小时候，多有龙章这般率性的老上海，语言泼辣而体贴，能逗趣，然而说得真。可是龙章生长在台湾，只晓得父祖辈有当年明星花露水的产业。我自大陆出来，从他这里慢慢认识了南渡之后的台湾人，也竟找回了移去海外的上海人。“文革”后，这类老上海渐渐消失了，而新起的一代代年轻人，但知港台，分不清港台的中国人原是怎样一种人，在大陆之外，又过着怎样的生活。而在龙章一面，我是他结识而熟腻的头一个对岸来人吧！

一九八四年，他勇敢地独自走访大陆，住在我家石库门房子的三层阁楼，日间需在公用厕所打水洗澡。洗澡毕，上得楼去，竟把塞满美元的鞋子忘在厕所里。他毫不在乎八十年代大陆的落后，不像当年走访京沪的港台人那样抱怨、嘲笑，反倒满怀好奇，走到哪里皆惊喜，在上海、苏州的窄路中，他会蹑手蹑脚跟踪偷听路人的方言："喔哟！好听得来！"回来后，他就跟我眉飞色舞地学。

初识龙章是一九八三年，有一天我们坐在他寓所的地毯上放看邓丽君七十年代演唱的录影带。我头一回看她的真影像，记得镜头里娇滴滴的邓丽君穿一身"国军"迷彩服，正在金门马祖慰劳守岛的驻防军，唱着唱着，小邓可就一步步下台走进官兵围坐的人群里，弄得小兵们一个个面无人色，站起又坐下。我瞧着，忽起心酸，念及其时大陆正在闹"文革"，而我的亲爷爷就在台湾岛，当年却有这样的女子对着军人唱这样的歌。我随口说："龙章啊！你们台湾不容易。"龙章哽咽了："丹青！你讲得我想哭！"

另一回也是两人坐在地毯上看录影带，龙章又哽咽了。好像一九八四年吧，忽一日龙章带了费翔约见我，说是小费决定去北京发展了。那会儿费翔顶多二十出头吧，从未去过大陆，要来跟我聊聊那里的情况。转眼春节，大陆电视对海外开始有播映，只见费翔颤着扭着，高声开唱了。那时大陆多土啊！我初看春节联欢会，初看香港的歌星出现在北京，觉得好玩极了，可是龙章一声不响。"怎么啦？"我问。只听他带着哭腔说："丹青！我好难过！"我说："为什么？"他的回答让我好难忘，他说："费翔多骄傲的人啊！现在给你们大陆人跳舞看！"是啊！"你们台湾""你们大陆"，这就是两岸人聊天的常用词。

他请人弄戏，少不了和大陆领事馆打交道，各种限制，他看在眼里，也只能叹口气。如今大陆火起来，有钱了，找他办事的年年来，动辄便要包办林肯中心音乐厅。龙章办归办，却是终于渐渐有所领教，遇到实在不像话的，他偏头不看我，从牙缝里嘟囔道："口气真大，门槛真精啊！"

国民党那边呢？他倒不客气了，但我此刻要学龙章替对岸着想的客气，不来列举了。但他的寄妈便是国民党大佬，与宋美龄是姐妹淘。龙章说起，真是好生动，说是他寄妈在政治舞台上风光半辈子，临到民进党出头了，某日陈水扁冲着老妇吼道——龙章说时，立刻学那恶狠狠的口气，食指朝我戳过来——"你们这群老贼"一句话，他寄妈就明白国民党的时代过去了，于是下台离开，和姐妹淘相率出国了。

我喜欢龙章的种种老礼数，给我想见从前的上海人。龙章幼年丧母，又是同志，为旧家所不容，二十岁出走香港。可是父亲老了，终归是自己的爹，每次回台湾，临别老父送到飞机场，进关前龙章必是当场跪倒磕个头。我母亲前年中风昏迷在医院，龙章那等忙人，居然天天下午坐了地铁跑到病院陪我在老母床前坐一坐。那天也是临走之际，他说："阿儿啊！明天有会议，不能来了。"说罢，便在母亲床前屈腿跪倒，磕了三个头。翌日，母亲就走了。

龙章每当这些时候，翻身就做，一点没有做作，没有夸张，因为从小做到大，全是真心。那天我母亲葬礼上，龙章当然来了，忽然就走到母亲棺木前，回身对着众人唱了一首戚戚哀哀的昆曲。龙章自己的亲妈妈呢？

可怜他都不记得母亲的模样了。我初次访他，聊着聊着，他忽地起身翻开地毯一角，取出母亲年轻时的照片给我看，一位好看的民国人，烫着头发，微微笑着。有谁会将自己母亲的照片藏在地毯下？这又是龙章的好玩与动人。

前年旅居纽约的香港画家司徒强走了，葬礼是龙章一手操办的。他在纽约地面关系多，海峡两岸找他用他的人，终年不断，纽约一地，则走运背运的港台文人艺术家，也多少用用周龙章，其中势利之徒自是不少，龙章的恭敬闪避和柔软的推诿，功夫一流。可是遇到老朋友，尤其是景况不佳的朋友突发急难，他便出面担当，再难再烦的事务，件件弄妥了，不声不响退一边。龙章是见过世面的，当初混纽约，最惊心动魄的经历，是当场目击小弟兄死在黑社会的枪口下。龙章说起，跳起身学给我看，怎样有人击门，怎样他去开门，怎样被来人当胸一推踉跄跌倒，怎样眼看杀手径奔办公桌朝着仇家的脑袋开枪……元香、元红，当年在香港和龙章同班学艺，之后两位女孩和龙章来纽约闯。那代港台艺人甜酸苦辣，大陆同行不能理解，也难领会江湖身世的豁达而强韧。龙章边谋生边读书，之后竞选美华艺术协会会长一职，胜在他的善解人意、能屈能伸。八九十年代以来，此一文艺道场眼看被龙章愈做愈火，几次美国经济萧条，能砍的项目都砍了，他这边却是屹立不倒，个中艰辛外人岂能想见？而龙章的能量委实惊人，一场接一场活动办下来，有时四季之内竟有两百多场。这本书中他随口谈及的演艺圈各路英雄英雌，已足以令读者惊异。你可说是演艺圈内的深度八卦，也可说是精彩纷呈的艺坛传奇。真要细数他所亲历亲见的人与事，那是本书的十倍篇幅还不止。

龙章心里的真苦恼是同性恋。幼年他自觉性向异样，又迷恋唱戏，如他这般好家世，小小年纪，他二十岁就出走了。我是从龙章才晓得，非但大陆，当年便是台湾偷渡香港，也是冒险，“小木船进了九龙，伊拉讲可以爬出来看看了”。他一脸惊恐和侥幸，好像还在那一刻。“丹青！我一看香港万家灯火，眼泪流下来！”——承蒙龙章相信我，也幸得我没走开，是他向我渐渐告白同性恋的种种自抑和纠结，从他那里，我上了人性与人权的一课。

说来好笑，因大陆的封闭，我到纽约时二十九岁了，居然不知世人有同性恋。头一回纽约的守岁夜，我在时报广场亲见好几对男孩拥抱接吻，大开眼界。当时吃了一惊，心里并不怪，却似有说不出的天启：原来人性有如此一出。不久识得龙章，是在由他经手的展览上。他是多礼的人，然而见面即熟，开口上海话，已如兄弟。我少年时下乡务农，男孩勾肩搭背同床昏睡，不算件事。如此，我们往来相处总有两三年，我全然不察，也全然不想到——龙章竟有本事使我不想到而不觉察。有一回我说：“你这件皮大衣有点太七十年代了。”龙章一愣，走到阳台，扬手扔了。他的寓所是在四十五层之高，眼看那件皮衣在风中飘摇了好一阵，这才隐没在深渊般的楼层中。总之，我只觉得龙章好玩，不觉得如何异样。

我向来喜欢有趣生动的人，龙章演惯戏路的娘娘腔，身怀教养的十三点，入情入理的家常话，一惊一乍的游戏感，都让我开心。他不如我高，总会踮着脚朝我走来。他比我壮健，我亲见他摊开三把太师椅，两脚一搁，双手一把，天天五十下仰卧起坐。见到英俊男孩，龙章“喔哟”一声叹，而我也喜欢看到标致的人……终于，大约是唐人街圈子小而人多嘴，我得知了龙章是同性恋——他也似乎知道我知道——我全然不介意，反倒因我有了这样一位朋友，喜欢之外，多了更深的理解和同情。

但这于龙章可是困难的时刻，他生怕朋友走掉，或是另眼相看。忽然我明白了：异性恋、同性恋，都一样的，即压抑之苦。回想起来，这是二十多年前的事了。我记得龙章在电话里说——有些话只能由电话说的——“丹青，不管你介意不介意，我够了，我要站出去。”我不记得我怎样回应他，但庆幸自己目击了他的勇敢。到了今天，我才真正明白那是怎样一种勇敢。不久，龙章接受了《世界日报》的长篇采访，坦然告白。

也许是在翌年，一九九〇年，他飞去香港，出席了第一次华人同性恋会议。会中，白先勇代表台湾同志，张国荣代表香港同志，龙章代表海外同志，各自说话了。这是令我感动的记忆，我不断对他说：“龙章，你去！你去！”换在平时他会发嗲，可我记得他那次表情平然，什么都没说，脸上是做了真的决定后那种晴朗而自重。

龙章终于成了扬眉吐气之人，还做了功德之事。据说单是纽约一地，当时有四五万亚洲同性恋，洋人同志吧的疯狂毕竟隔了一层，于是龙章同一位合伙人开设了纽约第一家亚洲同性恋酒吧，位于曼哈顿麦迪逊大道第五十八街，名曰“盘丝洞”。那楼上楼下楼梯间的壁画，很荣幸，正是我画的。米开朗基罗与古希腊的图画中有的是美丽的同性恋男子，他们一定乐意看见一个中国人将之移到纽约墙面上。开张后，生意大好，夜夜爆满，两三柱笼子里扭着青春大好的go go boys，欢声雷动。从此我领教了亚洲男孩的胸肌、腹肌、腰肢，原来可以在细腻油光的亚洲皮肤下，闪电般弹跳！

最开心的一幕，是一九九六年夏，我跟着龙章参加纽约同性恋大游行，如今想起来，如在昨天。第五大道上千万名纽约人夹道惊叫了，亚洲人的游行花车缓缓前行。龙章，头戴纶巾，上身赤膊，肥大的戏裤迎风飘闪，领头走在花车前方十米处，沿着第五大道路中央，一路抡着花枪棒，连番飞舞。那年他四十多岁，喜气洋洋，雄赳赳，瞧着像个少年。无论是林肯中心隆重颁奖，还是种种文艺演出，数十年来，龙章从来隐身闪避，从不露面，现在我头一次瞧见龙章意气满满，做领头羊。

那是亚洲同性恋可纪念的日子，也是火了二三十年的纽约同性恋大游行可纪念的日子。六月艳阳下，曼哈顿街头第一次出现了亚洲同志的五彩阵营，不消说，组织者正是周龙章。当日一大早我赶到盘丝洞酒吧，龙章带了他私藏的凤冠霞帔和彩衣锦袍，正在给即将扮演西施、貂蝉、王昭君、杨贵妃的四名男子化妆，另有七八名少年几乎全裸，胯间围着哪吒的莲叶裤，一个个往身上抹油。

八点钟的样子，这群奇怪而妖艳的中国人蜂拥而出——有来自台湾地区的、香港地区的、日本的、韩国的——直奔五大道五十五街街口。事先由我设计的游行花车已经停在那里，和数十辆其他族裔、其他行当的游行花车的各种同志——教师工会、警察工会、律师工会、政府职员工会——排排等着。终于，一声令下，亚洲花车隆重转弯，由北向南进入第五大道。我还没看清，龙章已纵身跳下花车，施施然大步前行了。

刹那间，路边群众一见到花车首端裸体亚当的肉身狂舞，一见到花车顶端高高站着的四位中国美人颤巍巍的周身戏服千娇百媚，登时狂呼乱叫！花车前后其他族裔的花车立即失色了。震耳欲聋的摇滚乐响彻街头，车队行到四十二街、三十四街，东西向围堵停驰的车辆窗口全都伸出人头，投来惊羡的目光。到了二十三街纽约市政府观礼台，亚洲花车停了片刻，车中男孩纷然跳下，当众舞动。满街的惊呼淹没了音乐，孩子们随即跳回车首，环形排开，金蛇狂舞般继续前行。队伍走向五大道南端尽头的凯旋门，向西折往格林威治村时，整个街面有如暴动。一名脚踩滑轮的美国同志，赤膊大汉，白得发青，瞧见亚洲花车，猛一怔，忽然疯了似的扭动抽搐，跳起精彩的独舞，紧紧跟随花车，直到格林威治村的汹涌人潮将之淹没。这是一场由太多辛酸与委屈累积爆发的狂欢，我记得下午三点左右，望不到首尾的游行队伍渐次安静，所有音乐关闭了，数十万人，包括沿街的群众，个个静默两分钟，纪念六十年代石墙事件的受辱者与受伤者。之后，狂欢声浪再度爆响，狂欢之龙继续前行。

这就是龙章做的事情，这就是我认识的龙章。我不会说龙章是所谓的“性情中人”，他知所收蓄，故而率性，一路历练，冷眼热肠，是个能隐忍、能豪放的角色。日常的龙章丢三落四，大呼小叫，但凡临到难事盛事，他是半真半假地慌张一番，忽而默默狠狠地做成功，却是脸上好像没有事。我要是这么对他说，他必定惊叫：“啊呀丹青！侬瞎讲！”

难得龙章知人而能知己，事人而竟得人。他的命，是半生阅尽名利场上的各路妙人、文艺风月的诸般才人。这本书中每个名字如雷贯耳，常年在华人世界传播着新闻、轶事、趣谈、八卦，但我确信诸位不论偏爱其中哪一位，读过龙章的叙述，才可能真的接近，且看见那个人。而这群星光闪烁的人，可能从未被另一只眼这般切近而体贴地观察过，再由龙章的上海台湾国语一个个提起，一句句道来，其魅力，实在不在诸位明星，而是龙章的生涯，龙章的天性。

我没有一次性读过这么多顶级明星的纸上肖像。市面上类似的演艺大腕花名簿兼八卦图实在太多了，我确信，没有一位作者的故事与见识、交游与资格比得过周龙章，比得过这本书。今我是龙章最好的朋友，此番只写龙章，只说龙章。纽约江湖的熟朋友平时也叫他“亚伦”——喂，亚伦！我写的这个家伙，像不像你周龙章？

二〇一四年三月写在北京

推荐序

跑龙套

| 罗大佑

这次，周龙章总算真的粉墨登场了。

不同于以往他在京剧中客串或主演的任何角色，这次他从头说起，一出戏就如此展开，活像孙悟空的筋斗云一样，一打就是十万八千里，只不过这个筋斗他打了有够久，不听他自己仔细道来，有些个细节真还不知道是如此发生的。

小时候真的还看过邵氏电影公司出品的那部《西游记》，对于影片里那个身手伶俐、笑嘻嘻的齐天大圣倒也颇为印象深刻，一副“这电影不付我片酬我都演定了”的样子，那胜利表情……只是没想到一九八五年在纽约碰到这个自称“我就是人尽可夫嘛”的 Alan Chow 时，听他说来，原来他为了演那部电影，甚至在偷渡出境后还再度飞回那时戒严重重的台湾，付出了二度偷渡出境的代价——其为艺术牺牲的精神一至于此！

没错，逃家的流浪者才能了解逃家流亡者的心情。而周龙章就在纽约找到了自己的家。感谢老天爷，一切都是天意。几经波折的 Alan Chow 从台北、香港、多伦多到纽约，如果不是命运这样安排的话，那么华人世界在北美艺术界的进展史可能就要改写了。

在这个大苹果，Alan 和唐女士因为《白蛇传》而结了缘；以同志的身份却莫名其妙地结了两次婚，为配偶拿到了绿卡，而且认养了儿子周小龙、毛毛、龙龙；成立了美华艺术协会，几十年来在纽约上上下下办了数千场大大小小的演出；创立了亚洲最杰出艺人奖；主办纽约中国电影节；协办每年的唐人街中国年；在 Park Avenue 开了一家叫“盘丝洞”的同志酒吧；协办同志光荣游行……咦！那个同志光荣游行队伍最前面领头的耍金箍棒的孙悟空不就是周龙章吗？怎么又不安分地跑出来出风头，跑龙套了？

是的，Alan 是出风头的。而且，在谁也不服谁的纽约华人社区里，有人就是看他不顺眼：这个人又是娘又是口无遮拦，死皮赖脸的，还老喜欢假公济私地上台表演，还敢演《白蛇传》《霸王别姬》之类的？他那货色充其量不也就是跑跑龙套的角色吗？没错，周龙章就是跑龙套的。

二〇一一年画家司徒强因心脏病倒下来的那个月，正是二〇〇一年发生在纽约下城但改变了整个纽约以及全世界的那件事的十周年纪念；而之前两个礼拜 Virginia 发生了美东一百年来最大的地震，大家都清楚地感觉到了。司徒在莫名其妙地离了婚以后，精神一直非常不振。他原来一直是一个嘻嘻哈哈的幽默型人物。

司徒画一张画要画最少半年，每天画十几个钟头。最喜欢聊天，直性子、软心肠、手无缚鸡之力。司徒死得很孤单，可能很惊吓，因为八月底的地震吧？先是做了心脏支架，回到家后，结果还是一个人孤独地走了。这样的司徒强的孤独的死，第一个赶到现场去处理人体与帮他办理后事的，就是我们跑龙套的 Alan Chow 和我们的教母陈张莉及众家兄弟。

再早，一九九〇年在林肯中心上演昆曲《游园惊梦》，由美华艺术协会主办。大批人马从大陆飞过来演出，于此机会安排了张君秋、顾正秋、红虹来领奖。由于政治的冲撞，当时大陆方面完全无法接受三人同时上台正面接触领奖，并指控周先生蓄意挑拨。这一下可闯祸了，在被质疑得百口莫辩之余，Alan 情绪激动地在后台当场就下跪在众人之前发毒誓，以明心智、以表清白，却马上因为激动过度而宿疾发作，当场下身血流如注。到了今天，Alan 还有一只耳朵几乎全聋，就是当天神经过度紧绷血压高涨的后遗症。

在纽约做过了数千场大大小小的演出，我们 Alan 先生可没有十数人的组织单位，他老人家永远是单枪匹马加上一个公司助理——就这样了，不好意思。很合乎纽约客的独立思考、积极行动的逻辑原则：既然大家都是出来在江湖上混的，你不帮自己，谁来帮你？

可能就是如此吧，那一年，偶尔被 Alan 私下背后念上一两句“ Social Butterfly”，来自台湾的得力助理 Nancy，因为陷入了婚外情而被发现自杀身亡在住所内，电话那头传来周龙章的倾诉，是几近号啕大哭的。

纽约是全世界最大的舞台，每一个人都竭尽所能地演戏。一九八〇年底，尤其在下城区，历经了一场艾滋的浩劫，惊魂甫定。过了二〇〇〇年，两架飞行器又卷起了千年恩怨的尘埃。当初与 Alan 和几个朋友走在两栋巨大的世贸中心之下，一起逛下城、游纽约市的画面依稀记得，淑丽现在远居巴黎，Norman 到了香港还是从事电影工作，韩湘宁去了云南大理，在此厢收租彼厢而居，依然画画。倒是张北海还坚守着下城的执着，仍然写作，仍然招待朋友。

这些人里面，周龙章是最矮小的，一眼望去，除了身材以外，你简直看不出他有哪一点是可以去演齐天大圣的。在纽约巨大的世贸中心的阴影覆盖之下，你会觉得他连跑龙套的资格都没有。但是世贸中心现在已经不复存在了，我们的 Alan Chow 却还在跑他的龙套，服务时间竟然长过两栋巨楼。

他出生而且来自台湾，被家瞧不起，愤而离家出走，几经波折，来到了纽约，修炼了一颗心，照顾了一些游子、流浪汉、艺术家。有成名的、未成名的，他绞尽脑汁地让人娱人而且自娱，也拓展了舞台，两岸左右兼顾，让大家可以轮流上台。

孙悟空一个筋斗就可以打到十万八千里外，周龙章和他的美华艺术协会也差不多十万八千里了，只不过，他的这个筋斗打了四十年之久。跑龙套能跑成这样子，我们也不能说不服气。偶尔消遣消遣他，偶尔被他消遣消遣，不也都应该吗？人生，不也就是来来去去？不也就是一出戏吗？

推荐序

灿烂灯火，钻石人物

丨 王鼎钧

京城名角、程派大师张火丁女士即将远来纽约公演，世界日报主办“张火丁的京剧艺术”演讲，请周龙章先生主持。恰在此时，周龙章出版了他的自传《灯火纽约说人物》[1]，更增长了这一次戏剧活动的热闹气氛。

戏剧界号称“剧坛”，如果真有这么一座坛，周龙章堪称纽约坛的坛主。四十年来，他主持的美华艺术协会，“在纽约办了数千场各种演出”。周氏的好友陈丹青为此书作序，概括指出：海峡两岸所有艺术门类的名角儿、华人明星，只要谁想来在纽约登台演出，兜来转去，不得门径，但凡摸到龙章这一脉，便有斩获。周氏尤其钟情京剧，他本人是一位名票，也是许多名角儿的知音，对张火丁的艺术造诣很有研究。我一向喜欢读传

[1] 本书台版书名为《灯火纽约说人物》。

记，也劝人写传记，认为这个社会需要好的传记。我们从好的传记里看见一个或几个活生生的人，有血肉，有性情，有意志，有目标，有方法，有挫折。他不是纸剪的、平贴的人，他是立体的、张力饱满的人。他从茫茫字海中一跃而出，顶天立地。他应该不是一个十全十美的人，他一定是个令人难以忘记的人。

如何写成这样一部传记？答案之一，你得明了人的胸中有一股壮气，这股气是他生命的戏剧化，是他奋斗的原动力。周龙章是一个奋斗的人，他自己概括：考试作弊，逃学弃家，冒险偷渡香港，使用假护照来美。他奋斗的目标是什么？显而易见，他非常喜欢演戏，他在自己有能力登台之后，进而帮助有志者来纽约表演。他非常喜欢听戏，在自己有机会听遍一切好戏之后，进而使在美国的华洋人士都有机会分享。他受苦，脱苦，救苦；他得助，自助，助人，胸中这一股壮气昼夜鼓荡，推动他走完了一个中国移民的全程。他构成一个典型，他的自传把这个典型表现出来，十分生动。

全书分两部分，上部是周氏说自己，下部是周氏说艺术界人物。他成人之美而美不胜收，因为他得天时地利人和。论地利，纽约号称世界艺术的大都会，艺术家都想到美国巡回表演，并且第一场从纽约开始。论天时，他的壮年盛时正值中国改革开放以后与国际接轨的涨潮期，到美国演出蔚为风气，多少人以此为奋斗的目标，美国的政策也乐于促进这种交流。论人和，他主持的美华艺术协会乃是主流社会朝华人敞开的一扇门户，门里门外，管道畅通，有人说他“短袖善舞”。

如此这般，周氏在纽约的灯火之下可谓阅尽精英。一部二十四史从何说起？说得太少，读者不满足，说得太多，读者嫌琐碎，书中只选了三十八个人，他很了解读者心理。

周氏一向落落大方，包容异己，泯除芥蒂，能调和华洋关系，周旋于主流社会，适应艺术家的大小脾气，成就他们的演出活动，使华洋人士了解或者欣赏更多的中国艺术。他在书中自称为人作嫁，我想说，“为人作嫁”由于出典的关系，变成谦词甚或贬词。后世用典，往往延伸它的意义。今天我们置身美国，公益团体与基金会遍地开花，尽千百倍之力为千百人服务。你可以说都在为人作嫁，每一个“新娘”身上的密针细缕都是作嫁者的一件锦旗。为人作嫁就是成人之美，既成全了新娘，也成全了新郎。“施比受更为有福”，至少是一同蒙福。你看周龙章，在灿烂灯火与钻石人物中度此一生，自己也成为灯火照耀下的一颗钻石。

作者序

Welcome to Alan Chow

首先我要谢谢你拿起这本小书，也请原谅我不知天高地厚、胆大妄为！

曾经一度每个在我身边、在我周围的朋友亲戚渐渐老去，我还以为自己真的是永远长不大的小飞侠 Peter Pan，或真是永远的孙悟空！谁想到只一会儿的工夫，连我也坐在电脑前面写我的回忆录了。人是真的会老的，我“老”了。人的年岁愈长愈容易悟到，变幻莫测的人生或起或落，曾经得意、曾经失意，再伟大的人都一样。名呀、利呀、情呀、成就呀，这世界上每一个人所追逐的东西，哪一样真是我们自己可以控制的呢？万般皆是命，半点不由人！在艺术圈、名利圈里，我永远是一个旁观者，是一个边缘人，是一个跑龙套，看尽了人情冷暖、起起落落，点滴在心头。别忘了，我们都只是短暂地停留，每一个人都是过客，但不论如何，大家都努力过。神仙、老虎、狗，我们都付出过。是非成败转头空。

这本书只有一个好："真"，可说是一个真"同志"的告白，我把我知道的、感受过的真真实实、不虚不假地告诉你。我的一生呀，无可否认是一个不按牌理出牌，充满戏剧性和玩笑性的人生，当然这也是我所追求的、所希望的。有人喜欢有人不喜欢，管他的，只要我自己助人不害人，玩得开心，不虚此生就好。我爱艺术，我爱我的工作，一爱爱了几十年，而且还想再继续爱下去，这一点连我自己也觉得不可思议。从懂事以来我就立志要做一个正派的"同志"，我做到了。在家里、在学校，我就是一个异数，一个怪小孩，我不同于普通人，我也乐在其中，求仁得仁。这本书里每一位我的名人朋友或多或少跟你想象中的有出入，但请你相信我，那是一个真实的他（她），是好是坏没有经过任何的包装。无可否认的是，在特定的圈子、特定的年代里，他们都是超凡入圣、第一流的人物。有幸我都和他们有或深或浅的交往，他们每一个人都是我的偶像。感谢因为有他们世界变得更有话题性，变得更多彩多姿，更美好。

这本书两年来断断续续、删删改改算是完成了，我不学无术，胡说八道又词不达意，您就当手上拿了本三流的小说玩着看。我尽兴地写，愿意写的又记得的，我知无不言、言无不尽，书上都是些好玩的人和好玩的事，不好玩的，我不愿意写的，又不愿意记得的，您就别太认真，高高手游戏游戏我就过去了。当然其中我得感谢一些人：

杨人凯大哥，没有杨大哥就没有这本书。当初他说我可以出书，还真吓了我一跳。凭我？出自传？有没有搞错呀？会有人看吗？

陈尚平，一个层次很高的电脑专家，中英文都好，品格优秀又有修养，这回真有缘，每一篇我写完的，都让他先过目。

彭薇，喔！小彭！小彭是一个可爱优秀的女画家，和她有缘，我们老相互鼓励对方，我就用心努力，为我们自己的最爱坚持打拼。小彭加油！

周兴立，兴立是公认的北美台湾校园民歌歌王，三十多年来我们一直你帮我、我帮你，没有分开过。

吴谦，一个哥伦比亚大学的研究生，才二十二岁，真是忘年之交。他是日东升，我是日西落，这样也能交上朋友，无话不谈，怪事。谢谢他两年来对我各方面的提示，是他提醒我不要过了火位。

也要向我们纽约的曾慧燕及“好友会”的会员们致敬致谢，还有Micheal Lin、Andrew Chang、王玉清、刘庆春、王志强、周静然，世界有你们相伴真好！

最后，我要谢谢我此生的最爱陈丹青。丹青！谢谢你！

邵氏时期，周龙章在电影《宝莲灯》中替身林黛演沉香。

第一部

我的自白

第一话

家庭及少年期

感谢老天爷，他给了我一个多彩多姿、如此戏剧化的玩笑人生。我惜恩惜福！

各位读者大家好！我是本书的主人翁周龙章，英文名叫 Alan Chow。我不是一个名人，不是一个圣人，更不是一个伟大的艺术家，所幸在这一生中，因有“天意”，所以做了一些事。我只是一个没什么了不起的平凡人，我和每个人一样有血有泪。我在台湾台北长大，但母亲往生得早，确实的出生年月日，老实说，连我自己也不知道。因我的身份证件上登载的日期都不同，问我姐姐，她说她也不知道。但是我知道我属龙，因为我的小名叫阿龙。

我的祖父和明星花露水

以一般人来看，我可以说是嘴里含着金汤匙出生的。我的祖父周邦俊医师，是个殷实的富商，也是当年上海滩上数得出的名人之一，光是老婆他就有四个，子女十个。但新中国成立后，只有我爸、姑妈及小姑三个先

祖父周邦俊、明星花露香水创办人

后到达台湾，多少沾到祖父的余荫，其他的子女都留在大陆。大陆改革开放后，有一年我去上海公干，曾去访问四叔叔，顺便也送他点必需品。到了四叔家，只见家徒四壁，可说是要什么没什么。当时是新中国成立初期，大家日子都不好过，人们常说富不过三代，但我们周家却富不过二代，祖父他自己也只带着三姨太来到台湾。

在上海他一手创办了明星化工有限公司、中西电台、中西大药房和上海民谊药厂，最多的时候雇有两千多名员工，而且还是股票上市公司，至今仍热销的“明星花露水”就是他一手创立的。但是，祖父因为当时跟日本人有生意上的瓜葛，被国民党在上海以汉奸的名义关了两年。上海解放后，他的财产即将充公，他赶紧收拾细软，举家前往香港辗转舟山再来到台湾，并在台湾开始设立公司和厂房，继续生产明星香皂、明星爽身粉及明星花露水等。“明星花露水”当年可是全中国，千家万户人手一份、一等一的香水品牌。

祖父很有生意宣传头脑，有一次台北有一个名女人，也是个演员，叫北平李丽，她要演一个文明戏，就是现在所谓的话剧，叫《香妃》。祖父脑筋一动，派人去给制作团队致意说，你们演《香妃》，我每天免费帮你们做宣传，在剧场中洒满了明星香水，观众一进场就能感受到阵阵香气和香妃的魅力。制作单位一听，是双赢的好主意，欣然答应，而我祖父也就受益了。两个多月里，《香妃》全省各地演出时，一进剧场，每个观众就会问是什么香水那么好闻，于是，明星香水的名声越传越远。

周龙章与于倩拍摄的明星花露水广告。

好人、纨绔和牧师——我的父亲

我们一家是上海人，从小家里都是讲上海话，所以我的上海话说得流利自是不在话下。我的父亲周文同，他是一个忠厚的好人，他博学多才，学贯中西，可说是个万宝全书，但却是个茶来伸手、饭来张口的大少爷，一辈子不需要干什么正经大事，碰到要紧事情也不敢负责。

他曾经也是中西大药房的店主、《联合报》的副总经理、联谊广告公司的老板。然而，他最大的成就，就是在短短十年之间让我母亲连续怀孕，生了一大堆孩子：我姐姐周凤章、我周龙章、我大弟周乐章、二弟周美章、大妹周灵章、小妹周秀章，总共六个。后来，他更为逃避这不公不义的社会，而去念了神学院，最后成了牧师，在林森南路自己搞了间小教堂，以讲道传教信主终老一生。

其实，这本来就是成者为王的世界。我父亲是长子，我母亲一过世后，父亲失去了方向，加上一个强势厉害的姐姐把住了整个周家的权势，父亲生性忠厚，又斗不过我姑妈，一下子自己就先放弃了，只要寄妈每个月给他钱就算了。父亲也曾经跟我寄妈吵过闹过，但寄妈有一句名言："文同（我爸爸），你不要和我闹了，你去法院告我好了，但如果告输了，请问你要怎么办？每个月还来不来拿钱？"这句话一出把我父亲吓得出不了声，只好每个月乖乖地去拿他的铜钱，信他的主——耶稣。

对我们这一大堆子女呢？他也绝不是不爱。记得当年每次回台湾，爸爸看到我总是左看右看，多看一分钟也好，爱得不得了。但对我们一点责任

母亲徐慧珠

的观念也没有，上课、学习、工作，他全部不闻不问，每个他的子女几乎都是天生天养，就算他最后要往生了，留下的那封遗书真是前言不搭后语，一点交代也没有。这也是怪事，这样的爸爸也给我们碰到了。但他又是个博学多才的好人。也真是因为妈妈太能干而走得又早，妈妈一走，爸爸完全失去了方向，又要面对一个强势的姐姐，几十年压得他透不过气来。

妈妈

一个人在世界上什么都可以没有，但绝不可以没有母亲。不幸的我从小就没有了母亲。我的母亲叫徐慧珠。

当年在上海，她是第一个拥有自属轿车、自己开车的“民国女子”。她很会持家，人很能干，长得小巧，但美极了。一点淡淡的印象中，母亲老是病着，好像一个病西施，因为身体不好，在我八岁时就因胃癌过世了。我因为从小没了母亲，这几十年一路走来，冷暖自知。每当我看到别人的母亲呵护小孩、爱子女而不顾一切的画面，总是会为自己唏嘘不已，流下泪来。当年母亲走的时候才三十出头，留下一堆孩子，又明知道父亲不会养、不会教，母亲怎么舍得走呀？真是苦死她了！

我母亲过世之后不久，理所当然地我父亲很快就带了别的女人回家。他自己无心又无力照顾我和我的姐姐，在他心目中，寄妈虽然继承了我祖父所有的财产，但毕竟周家没有分过家，小孩住哪里不都一样吗？于是，这才理直气壮地把我们两个交给他的姐姐周文玑抚养。

寄妈

我的亲姑妈叫周文玑，是个道地的女强人，曾任国民党台北市增额立委，还一手创立了“中华民国妇女工商管理协会”，自任会长。她来往的都是国民党当时最炙手可热的人物，如蒋宋美龄、陈香梅、钱剑秋、吴伯雄夫人、蒋彦士夫人、朱婉清等。我父亲只要手头不便，就会打电话向他老姐要“铜钿”(上海话“钱”的意思)。

我姑妈一手把我和我姐从我爸爸手中接过来带大，也不是因为爱我们，而是为了我们家族的恩怨情仇。我们称她为“寄妈”。寄妈就是寄母的意思，比干妈亲一些，是要有责任照顾小孩食衣住行从小到大的。我八岁丧母，祖父把我和我姐姐送给寄妈养，明星化工股份有限公司也由她接手。

她无可无不可地养大我们，心里是不甘的，所以我和姐姐在家里永远是二等公民，尤其是我。因为我读书不好，因为我“娘”，因为我只爱艺术，更给了她不需要爱我的理由。每天只要上桌吃饭，总要先听半个钟头埋怨。爸爸每天问寄妈要铜钿要得太多，而我当年希望入小大鹏戏校学京剧。寄妈大吃一惊，气得不行，嘀咕说：“白养了，白养了，养大的阿龙，居然要去做戏子。”她心目中当时社会上最下层的三种人是婊子、戏子、叫花子，居然阿龙要做戏子，不可思议，而且丢尽了我们周家的脸，周家长孙有这种想法怎么要得?

我们称我的姑妈为“寄妈”，一直叫了几十年，直到她过世为止。凭良心说，寄妈晚年对我也真的算是不错的，而我的工作也多少可配合她喜欢出风头的性格，我也陪她南征北战全世界旅行，但她对我只是尽她的责任而已，一点点真感情都没有。而我小时候也没出息，不知道怎么去讨她的欢心。这样的生活一年又一年，真是烦透了，但自己太小又逃不出去。

照理说，我爸爸是长子，又比寄妈早到台湾，我是周家的长孙，又是周文同的长子，周家的事业理应有另一种更妥善的安排，让周家的子孙及在大陆的叔伯都能获利。但是，至今为止，我们在世间的三代子孙辈都没沾到周家的一点好处。我祖父过世后，明星花露水就由我寄妈继承，她死后，又由她的女儿环璋继承。虽然近些年明星花露水每次开董事会都会邀请我们以董事的名义参加，但我们从来没有出席过。明星花露水在台北市博爱路的公司、在南京东路的大厦和在土城的厂房，我们也碰都不碰。老实说，要碰也碰不着，寄妈将一切早安排好了，她安排了周家财产的百分之九十五给蔡冯环璋女士及其子女，百分之五的家产给我和我姐姐、弟弟等六十多人及寄妈的兄弟姐妹等亲戚们分享。

寄妈曾结过一次婚，丈夫很快就跑了。寄妈夫家姓冯，她有个女儿跟着姓周，叫周环璋。周环璋有个丈夫叫蔡礼新，就是明星花露水目前的董事长。蔡礼新有一个同班同学叫张硕英，张博士因为也爱戏，所以跟我很熟，有来往。他告诉我，当年在大学时代蔡礼新就是因为家境不是太好，所以一心一意要结交有钱的女同学为妻，真恭喜他求仁得仁。唉，这真是天意。当年我祖父在群雄并起的上海滩辛苦打拼，一手创立的家族企业，最后落到了他女儿的女儿的丈夫——连面都没有见过的蔡家手里，真是无事忙中老，梦里有哭笑！

第二话

偷渡香港，进入影艺圈

爱欲启蒙

我小学念的是女师附小，初中念的是强恕初中。念初中的时候，我就知道自己是个异类，只对男孩子有兴趣。

我寄妈看我平常喜欢舞枪弄棒，虽然有点娘，她也不在意，以为喜欢艺术的人多半如此。倒是我有个舅舅叫徐叔沅，看出我有同性恋的倾向，就很严肃地告诫我说，在当今社会，你做什么都可以被人原谅，唯独不行的，就是搞同性恋。因为同性恋是违反人伦大道的，作为一个男人，尤其是周家的男人，是绝对不能搞同性恋、性变态的。被当头浇了一盆冷水之后，我就有了逃离台湾的念头。

恰好的是，我念强恕的时候，因为考试作弊被退学，于是我离家出走的想法就更坚定。那时，我有一个姑丈叫方砚农（我爸爸三妹周文琪的先生），是国民党培养的无线电通信专家。他帮我弄了一张偷渡到香港的船票，于是，我就拜别了我的父亲和寄妈。

我记得当时寄妈面无表情，拿了一点钱给我，然后用上海话说："时乎，时乎，不再来。"如今事隔多年，我仍不知她说这话是什么意思，但她的话语和表情仍然铭刻在我心中，永难忘怀。

当年，我就带着简单的替换衣物，几乎身无分文地离开台湾，投奔一个不可知的未来。上船时，三姑丈送我到码头，我看见他眼里含着泪水。他对我说，文同（我爸）有这么一个好儿子却把他赶走，我那么想爱儿子，却在大陆出不来。船行半路他还打电报到船上给船老大，问我是否平安，要船老大好好照顾我。最奇怪的是，我爸爸对我要偷渡到香港的事完全不闻不问，谁知道船身太小我不习惯，一路上三天三夜吐到香港。那时候，我怀里揣着唯一的一个家族朋友黄柱中大哥的电话，准备随时与他联络，要他来码头接我。这次偷渡到港，可以说是整个改变了我的命运。

怎么说呢？我在高雄上厕所的时候，碰上了一个年轻帅到不行的小伙子。不知怎么地，我俩就看对眼了。这是我第一次有同性恋的性经验，对我来说，这次的经历不啻证明了我在这个世界上并不孤独，也有其他人是和我一样的。这等于是一盏明灯，烛照了我未来对同性的需求。

小渔船在台湾海峡上漂呀漂，晚上因为心里怕，睡不着，看到的茫茫无际的大海又是漆黑一片，人海中，我的根在何方呢？小小的甲板上，分不清的海水、雨水、泪水在脸上滑落，心里苦极了。其他的船员都在忙着工作，旁边一个小鬼，谁会同情？谁会听你的故事呢？再说在这个世界上谁家没有苦，谁人没有委屈？这一刻我深深体会到，世界上只有你自己争气，你自己要好，打落牙齿和血吞才是正路，其他的，求人帮忙的梦根本不要做。

东方之珠，香港之梦

我搭乘的小船终于抵达了香港。进港的时候，因为小船先要接受检查才能靠码头，船老大就把船上的便桶掀了起来，让我躲在暗舱下面，再把便桶恢复原位。这是个又窄又臭的地方，幸亏我当年身材瘦小，勉强能忍受。海关人员上船检查那一刻，我和一同偷渡的一个女子、两个男人及一个和我差不多年纪的年轻人，几个人谁也不认识谁，但大家都心有一致害怕极了。听到船老大和海关人员在对话讲数，大家更是在乌黑的暗舱里握紧了手互相安慰，大气也不敢出一声。好不容易香港的海关检验人员离去，船老大叫我们一个一个出暗舱，发给我们每人一张假的船员证防身，以防上了码头又遇到有人检查拿出来挡一挡。

船靠上码头之后，黄柱中大哥如约在码头迎接我。黄大哥是我的故交，他以前也是明星化工厂的员工，常到我家走动。看到他，心头的大石总算放下了一半。出船舱时我抬头一望，呀！香港一栋栋的高楼大厦，美丽的海港，美丽的东方之珠，我不禁流下了热泪。我对我自己说：好坏我认，总算给我逃出来了。这一幕几十年后我也没忘记，更从来没后悔过。

黄大哥接到我之后，马上带我去买日用品和床，替我换了一些港币，当晚还带我去吃了一碗面，看了一场金采风主演的越剧片《碧玉簪》。这是我在香港看的第一部戏曲艺术片，我喜欢得不得了，也迷金采风老师迷得不得了。谁也没想到，几十年之后，我和金老师居然变成了好朋友。我请她到纽约来演出舞台《碧玉簪》及领取亚洲最杰出艺人奖，轰动一时，排队进场的观众都有三个街口长，你说，这是不是造化弄人？

初到香港的时候，我可是一句广东话都不会讲，可是慢慢地耳濡目染，也就自然学会了。我最需要解决的是就学的问题，幸好有个珠海学校，是国民党创办的，位于窝打老道。黄柱中大哥带我去申请入学，也不需要经过考试，我就成了珠海学校的学生。那一年，一九六四年，我在香港开始了新的人生。

南国风景

我顺利地升上了珠海大学，念的是艺术教育系。念了一年之后，我在报纸上看到邵氏公司的南国剧校在公开招考基本演员。我从小就喜欢演戏、唱歌、跳舞，有一颗属于舞台的心，我想机会来了，所以就去报名。那时报考的有两千多人，考上的只有六十多人，我以状元的成绩考上的。

我是怎么考上状元的呢？我在台湾时就喜欢舞枪弄棒，曾跟一位刘克伦老师学舞蹈，那舞蹈之中也有剑舞、棍舞等，所以我的棍子非常好。以前在台湾的时候，我就经常表演《小放牛》《盗仙草》《千里送京娘》等，那时演村姑的是刘京伦，也就是刘克伦的妹妹。考南国剧校的时候，我就以一对剑、一根棍子的表演，加上扮演一位神偷，考得了南国第四期的第一名。南国那时的校长叫顾文宗，学员都叫他顾伯伯，他可以说是我生平遇见的第一位贵人。作为一个电影演员，我的条件不好，只有一百六十七公分高，但顾伯伯非常看重我，他长得比我更矮，只有一百六十四公分左右，他自己也是二十世纪七十年代的名演员。南国剧校的老师，除了顾文宗之外，还有严俊大导演、高宝树大导演、高立大导演及何梦华等，教舞蹈的是江青和郑佩佩。不知什么缘分，顾伯伯非常喜欢我的才艺，觉得我特会演戏。学校的学生多，但能跟在校长身边出出进进的只有岳华、郑佩佩、陈鸿烈、潘迎紫和周龙章几个，每天下了课跟着顾伯伯总是有吃有玩。

那段年轻岁月倒也很开心，后期更通过他的亲戚在庙街特地给我安排了一个床位。对！是一个床位，不是一间房间。房间是顾伯伯亲戚租的，每间房四个床位，已经有一个苦学生和两个怪里怪气的男子。过了几天，发觉他们人是蛮好的，让我不用担心落脚的问题。那时庙街是香港最下三滥的社区，我平常要去工厂打工，还要照顾珠海及南国的学业，生活可说是过得苦不堪言。我最开心的就是南国剧校常有戏排，常有大大小小的演出。

七八十年代，邵氏是香港最大的电影公司，所有的演员基本上都来自南国，因为自己训练的演员比较便宜。我们第四期毕业的时候，一共有六个人跟邵氏签约，除了我之外，还有岳华、潘迎紫、陈鸿烈、赵心妍、吴景丽。那时我的合约是一个月两百港币，演一部电影有五百块港币的奖

邵氏时代的周龙章。

金，一签就必须签六年至八年。南国的毕业学员每一个都想当邵氏演员、邵氏明星，但邵氏给的薪水并不高。六十年代末期，香港人均生活费应该是三四百元一个月，谓之小康，五百块拍一部主角戏，拍一两年是说不过去的。但邵氏就是邵氏，企业式作业，演员只是企业中的一环。它的基本立场是："名，我们能够给你。但是钱呢？你得自己赚。"就算是当时最红的，如凌波、郑佩佩、何莉莉、李菁，光靠拍戏也是赚不了几个钱的。但是，邵氏却是许多人冒出头的地方。

一个女明星有了名要自己挣钱，钱就容易来了。出去为新开店剪个彩呀，出席个晚会当特别嘉宾，老板请客做陪客，这些多叫"秘捞"。更好一点的，自己接几部外拍的戏秘捞。各有巧妙，有钱赚到来，是非神仙过。

孙悟空再次偷渡回台湾

那时邵氏准备拍《西游记》的故事，选了大帅哥岳华（本名梁乐华）当男主角演孙悟空。但是，岳华个子太高了，又长得太俊了，有些人看了毛片之后觉得他又高又帅不太像孙悟空，便建议找个个子较小的演员。顾伯伯一听就说："我们刚毕业的四期里不是有个周龙章吗？"于是他就把我介绍给导演何梦华。当年邵氏公司出品电影的主角，要拍《西游记》的"齐天大圣"可不是玩假的，于是左试镜右试镜，弄得我神神经经的。因为想瘦，每天只敢吃一餐，不敢多吃，怕增磅。每天早上练功，总到香港植物园的小动物园去观察猴子的生活起居，有样学样，几个月卜来，真是如同猴子一只了。

我虽然有武术的底子，但是论武功，比我好的人不知有多少。我既然跟邵氏签了六年的合约，当然是想要有戏拍。在此之前，我演过的都是些书童、小弟之类的次配角，但因为我在林黛主演的《宝莲灯》中演林黛的替身，打得不错，所以才得到了顾伯伯的大力推举，有了这次试镜的机会。看过金像奖电影《黑天鹅》吗？那是讲舞台表演的一部电影，女主角一直在等天鹅湖的演员名单揭晓。结果发表演白天鹅的就是她，她兴奋得不得了，就躲在厕所里哭，哭完了马上打电话给她妈妈。

我看这部电影时很有感触，因为我当年就是这样。看《西游记》就是看齐天大圣孙悟空，所以我拼命想要得到演这个角色的机会。我不是正宗学武出身，这么多人比我好、比我帅，我除了年轻什么条件都没有，但我就是拿到了这个角色，这不是天大的一个笑话吗？于是，当我接到通知的那一刻，就高兴得躲到厕所里哭，哭完了我就拿起电话打给一位友人顾健华（即黄柱中的妻子，我称之为大嫂），一边说一边哭。晚上南国剧校放了课，我就去找黄大嫂，她亲手烧了两个菜替我庆祝。当晚我有讲不完的梦想，我说大嫂我要当影帝，我要当狄龙，我要学郑佩佩那么努力。

我花了两年的时间拍《盘丝洞》和《女儿国》，拿了五百港币一出的报酬。那时候有个插曲，因为香港的场所有限，没有大山大水的外景地，当年内地没开放，也不能去内地取景，神话大片如《西游记》是必须到台湾地区或日本出外景的。那问题来了，我是偷渡到香港来的，还没有香港

《盘丝洞》中的孙悟空周龙章和蜘蛛精于倩。

凌波《陈三五娘》、周龙章《盘丝洞》的合影剧照。

的身份证，那怎么出境呢？幸好，香港那时有个规定，凡是偷渡来港而志愿出境的，不会刁难。

所以，我就志愿出境搭机随着外景队回到了台湾，当年我偷渡香港是没有入境证的，但凭着家里的关系，我有台湾的出入境证，所以我再次入境没有问题。两个月后在台湾拍完所有的外景，我又到高雄搭船，拿着台湾的出境证，但没有香港的入境证，再一次偷渡回香港。安排偷渡的还是我的三姑丈方砚农，但这次的偷渡费却是邵氏公司出的。三姑丈看到我又一次偷渡，真是哭笑不得。

告别邵氏

奇怪吧！人生的经历，平常人偷渡一次已经不得了了，我居然偷渡了两次！邵氏公司那时已等不及我回来，就又找了岳华代我演《女儿国》的孙悟空。结果是，《女儿国》中的孙悟空，有三分之二是我演的，三分之一是岳华演的。而我们的个头、身材和演技是完全不一样的，观众应该看得出来，没有看不出来的可能。 也只有当年邵氏公司店大欺客，敢做这样的事。

拍完《女儿国》之后，岳华接着就拍胡金铨的《大醉侠》，从此扶摇直上，成了个大明星，可是我就没戏可拍了。那时候我看情形不对了，我不能老是扮演人家的弟弟或是书童，那不是我的 cup of tea，而我长得又不够高不够帅，没有所谓的 star quality，一点条件也没有，在香港这种影视环境下一辈子可能都演不了主角。刚好我珠海大学也毕业了，所以我就决定离开居住了七年的香港。舍是真舍不得的，我这么会打会演，可惜香港电影圈不要，我也不甘心在圈里跑一辈子的龙套。

在香港两年的受训加两年的演艺生涯，真也交不到什么朋友，这个圈子又那么势利，看看周龙章一脸跑龙套的样子，大演员能跟你打个招呼就算是很给脸了。这也没有办法，我自己也是看到林黛、乐蒂走过来了，就想和他们合照一番，看见成堆的龙虎武师在等打光，谁理谁呀！

第三话

美国和我的Gay生活

纽约纽约我爱你

因为从没有好好地学过英文，我的英文实在不怎么样，所以，我申请纽约的大学及加州的大学都被打了回票。幸好，加拿大的多伦多大学居然收了我，让我去念酒店管理系。当年是香港最乱的时代，英国政府捞饱了就要走人，大家都在抢钱，内地还未开放，每天有数以千计的人偷渡到香港，抓不胜抓，早上抓了晚上又偷渡回港，黑市身份证买卖有中介不是一件难事。台湾也每天有人偷渡到港，一下船就有人来跟你联络办身份证的事，只要有钱什么都能买到。于是，我在香港花了三千五百港币买了一个死去小孩的护照，换了我的照片和名字。

就这样，我到了加拿大念 Dining Room Service 念了半年。其间的生活又是人地生疏得苦不堪言，挂了一个邵氏演员、邵氏明星的名头，却得一家一家地找工打，最后找到一家花店，一边上学一边打工。花店的老板付我七毛钱加币一小时，一天八小时。睡可以睡在店里地下室，晚上帮他看店。

冥冥之中，我有一个认知，就是我应该到纽约去。所以，多伦多大学我也没念完，便以旅行的名义到了纽约。这可以说是又一次的逃亡，之前，我从台湾逃到香港，又从香港逃到多伦多，如今，我又从多伦多逃到纽约。几乎我的前半辈子都在逃亡。

纽约！纽约！我爱你。这是我人生的不归路。从此，我准备在纽约安身立命，度过我的一生。为什么选纽约呢？坦白说，我也不知道。但很重要的一个原因是我二弟周美章正在纽约留学，有了他可以投靠，纽约一下子突然变得不是那么陌生了。

初到纽约的时候，我全身只有八十美金，幸好有朋友方大明介绍我在布鲁克林一家中国餐馆中洗碗打工，一天要做十个小时，每小时六毛钱。但只做了三个月，我觉得不适应就辞工了。那时候，我有个大美女表姐方能芬（方砚农的女儿）和她帅丈夫在市政府附近开了一家小礼品店，她就叫我去打工，睡就睡在店里。但店里的生意不是太好，而表姐夫又打算搬到西部去，这才由我二弟周美章帮我在曼哈顿十四街二马路上开了一家小小的礼品店，叫“垃圾罐礼品”（Garbage Can Gifts），里面的货一半是寄妈从台湾运过来的，一半是在纽约批发进来的。就这样，我成了一个小商人，生活也慢慢稳定下来。

问题是，当年纽约的治安一向不太好，三天两头会有人拿枪来小店抢劫我。我做生意赚的钱也只能交房租吃口饭，谈不上有什么生活品质。唯一的乐趣是慢慢有人知道我是同志，会跑来店里找我，我连生意也顾不得做了。有的顾客对短小精干的我相当满意，走的时候还会丢个三五十美金给我，而我也照收不误。收了钱之后，我的习惯是找个地方大吃一顿，然后找个同志酒吧混一个晚上，最后再回到我的店里在沙发上倒头大睡。苦虽然苦，但我有我的乐趣，反正年轻，天不怕地不怕。

美国的新移民都会碰到四个问题：一是语言，二是工作，三是身份，四是住宿。住，我住在小店里。语言，为了精进我的英文，我在纽约的大学选修了一些语言课程。工作嘛，我自己当上了小老板。接下来就是身份的问题。七十年代美国有投资移民政策，条件非常宽松，只要三万美金就可以拿到绿卡。于是，我就东挪西借地凑了三万美金，以我礼品店的名义顺利地拿到绿卡。

也是因为年轻，所以这种粗茶淡饭的日子，我过得是甘之如饴。那时，我肚子饿了就随便在路边吃个热狗、三明治，再加一杯可乐，所以吃得我面黄肌瘦。不过到底才二十出头，又因为平常练功的关系，浑身都是肌肉，身手也相当矫捷。纽约有什么华人的活动，我毫不忌讳，会赤着胳膊，敲锣打鼓地去参加，站在花车上游街。

一九七四年是我大大露脸的时机。那年的春节，我记得是中国虎年，市政府办了一个化妆大游行，由我以孙悟空的扮相担任领队，后面跟着的有仙女和十八罗汉等。孙悟空是我的老本行了，我一手耍着金箍棒，浑身做齐天大圣的打扮，一路又走又跳，绕行了整个市政府和华埠。

那时别说老外了，就算久居华埠的老华侨何曾看过这种场景？一些当

演出超过两百场的《小放牛》，与香港七小福戏班的陈元香。

地的电视台和报纸都抢着报道这个消息。于是，周龙章就是邵氏公司《西游记》齐天大圣美猴王孙悟空的认知，就在人们的心目中传播开来，我的知名度也大增。当时，有人因为我是邵氏电影公司演过齐天大圣的本尊，就要来跟我学功夫，我拗不过他们的一番诚意，就在华埠开了个龙章舞蹈班，教些丝带舞、剑舞和《春江花月夜》等，来学的都是一些大人，上课的时间是在晚上。

其实，我哪里懂得怎么教舞蹈，还好学生的要求不高，我也为了穿衣吃饭认认真真地教学生，因此还可以滥竽充数。因为社区的需要，我们又便宜，所以我也带着学生到处演出，一度成立了"龙章舞蹈团"，在各大中小学晚会上，《千里送京娘》和《小放牛》老调新唱起来。那些日子就一出《小放牛》我就有过两百场的演出记录。唉！人呢都得随着命运走！考南国剧校我是第一名进去的，毕业的六十多个学员中，我也是六个正式签约给邵氏公司中的一个，演了齐天大圣，我也总算是邵氏明星了。但我走了，我放弃了，我醒了我的明星梦。但我绝不会放弃我对中国戏剧的热爱，对京剧我永远是一个小票友，我会至死不渝地追随它，在海外尽我全心地宣扬它。

然而，人怕出名猪怕肥，我的小小的知名度也给我带来两件意想不到的事。详情见后。

我的同志告白

现在说一下我的同性恋。如我先前说过的，我是个天生天养的同志。

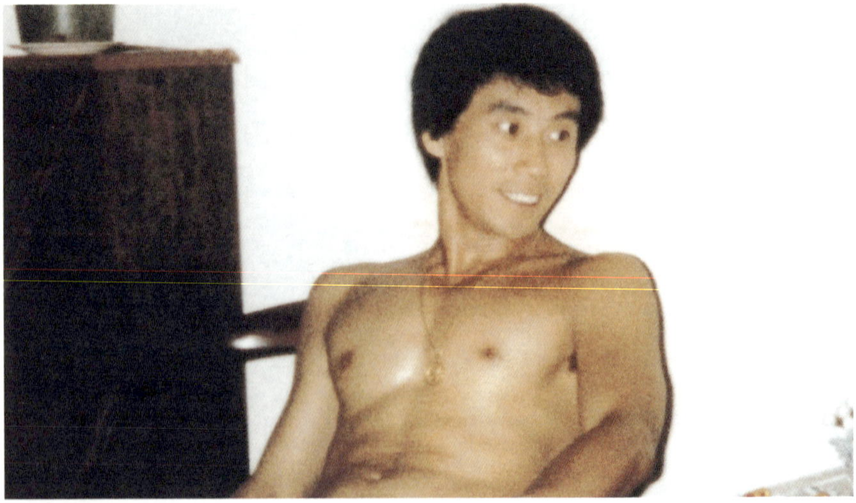

年轻时的周龙章。

菲律宾裔的Eric和周龙章。

少年时期我就知道我有这个性取向。因为那时，我只要看到年轻漂亮男子的照片或海报，就会感到莫名地兴奋，如果那个小生是半裸的，那更让我有剪下来贴上去的冲动，所以我家有几本这种剪贴照让我抱着睡觉，反而对一般美丽的女明星不感兴趣。坦白说，我认为大多数同志都是天然生成的，如果他们能够有所选择，百分之九十九的人都会选择不要当个被人视为异端的少数 gay。同性恋是件坏事吗？这点我倒不认为。事实上，你看，同性恋者之中不乏出类拔萃之士，尤其在艺术和文学这个领域，同性恋者似乎特别敏感或具有天赋。

我因为身材短小，高大俊秀的男子，不论是亚洲人还是西方人，就算我看上了，对方也不容易看上我。所以我交往的多半是东方的男子。我喜欢的多半是年轻的、俊秀的东方男子。在我的一生中，我有过几个同性恋的情人都属于这种典型，有菲律宾裔的，有中国的年轻艺术家，也有在美国碰上的华人等。可以想见，我的情人多半经济情况不是太好，甚至有的还染上一些恶习，如吸毒等。因此，在分手前，我免不了要在他们身上花一些钱。

许多人对同性恋有着错误的认知，认为同性恋可分为一号及零号。一号嘛，就是扮演男性的角色，而零号嘛，就是扮演女性的角色。其实，我既不是一号也不是零号。我一生中少说也有超过百个同志性伴侣，有人说我是人尽可夫。其实我到现在还在找一位永久的伴侣，只是对象不能太年轻，因为我已经老了，不需要再找个儿子来伺候。

出柜对于我来说不是件什么了不起的大事。我认为，这种事反正也瞒不了人，干吗扭扭捏捏的，像是见不得人似的。但是，有许多明星就是看不穿这一点。我记得《色戒》在后期制作的时候，我也被邀请到剧组。那时，李安把我介绍给其中一名演员，说我是“纽约同性恋团体的领袖之一”，当时我看见他的脸色非常紧张和不自然，似乎深恐和我有什么瓜葛。这样三秒的一个眼色，我们就不可能做成朋友。

一个帅气的男人到了四十岁左右，若是没有女朋友的话，多半就有问题。这种例子可说不胜枚举，譬如一名公认够帅的演员，也不闻他有什么女性朋友，但观众还不是一样爱他捧他。应该有二十多年了吧，他也不负众望愈来愈帅，演技也愈来愈好，至于感情生活，就我行我素吧。

所以，我个人的说法是，要祖上三代积德才会出一个同志。同志对人类文明的贡献远超过异性恋者，你能想象没有白先勇、林怀民，甚至年轻一辈如吴季刚的台湾会是怎么个样子？为什么老是要用有色的眼光看待同性恋者？同志难道不该有他们的人权吗？

我有两任太太

一九七四年我有些知名度之后，第一个意外是我结婚了。我以前在邵氏南国剧校时有个卢姓女同学，跟我相处得一直很不错。有一天，她打探出我在纽约有间礼品店，就跑到店里来找我，说是她来纽约已有一阵子了，为的是她有个男朋友，但她的男朋友突然要求跟她分手。她没有身份，无法在美国留下来，问我怎么办。

怎么办？看她一副梨花带雨、楚楚可怜的样子，我的侠义心肠突然大发，跟她说："我们结婚吧。我有绿卡，你只要嫁给我，身份问题就自然解决。"她听了之后一阵错愕，但我随即向她解释说，我是个天生天养的同性恋者，所谓结婚也者，不过是去注个册登记而已。她考虑了一下，当下就答应了。

就这样，我有了平生第一桩异性婚姻，虽然我们没有同居，仍然各过各的日子。但过了不到半年，她的男朋友从法国到纽约来找她，要求重修旧好，我们就友好地离婚了。她男人也靠着她拿到的身份在美国定居做生意，现在我们已没有来往，但听说他们的生活经济发展都不错呢！她毕竟也曾是邵氏的明星之一，也是一个好女孩子，现在更是一个好妈妈，名字我就暂且不提了。

身为同志，结了一场婚倒罢了，我还来了第二场！我的第二任妻子王敏，是我老师童芷苓的学生。王敏是一个好女人，纯洁美丽，一副好嗓子，一个好扮相，一个专业的京剧大青衣。王敏的前夫李岩，也是个唱戏的，两人有一个孩子。因为她在李岩那边受了委屈，强烈地想要自我流放，带着孩子离开中国。只是当年在大陆要出国不容易，尤其是来美国难上加难，所以找童老师帮忙。

还没有成事前，我和童老师详谈过，我已到了结婚的年纪了，我也有成家立室、有儿有女的愿望，但我是一个同志，我不愿将来害了别人。童老师疼我，也疼爱王敏。童老师在给我的信上说：“她那代的人婚姻大事十之八九都是由父母做主，同志也可以成家，只要王敏愿意，她会对你好并照顾你，你当然会待她好，相亲相爱、天长日久地过日子，哪有什么同志不同志的。往好的方面想，明年王敏说不定会给你生个大胖小子，你感激老师还来不及呢！”

那些年我多么崇拜童老师呀！老师说什么我是绝对听的，那年我二话不说就赶到上海，童老师亲自下厨做了一桌子的好菜，给我们介绍彼此。

哇！王敏真是一个百里挑一的好女子，长得又漂亮，我一下子全心全力定下来，准备和王敏百年好合了。唉！可惜呀！可惜那个年代没有“伟哥”！

我们因童老师相识相交，我还跟着她到天津老家，拜见了她父母，一家都是好人哪！我不但爱王敏，更爱她的儿子，十岁乖巧的儿子跟我也有缘，相处得很好。她为了表示对我的尊重，要她的儿子改名为“周小龙”，并且要她的儿子叫我爸爸。

我多么希望我是异性恋者，我也三十出头该成家了，可惜我不是。王敏任我解释，但她对同性恋也是一知半解，我又年轻又清秀，她以为她能用她的正派正气改变我感动我，她又一心一意要出国，所以就一切出了国再说。我非常能了解她在前段婚姻里受到的创伤，为了报答童芷苓老师，我也愿全心配合她，并煞有介事地跟她去拍了结婚照，更在天津领证请喜酒，高高兴兴，一切似乎像那么回事。我也对得起童老师对我的信任，王敏在家里及剧团总算也争回了面子。她是一个老实安分的女人，戏好，嗓子、扮相也

周龙章和第二任妻子王敏的婚纱照。

好，是一个京朝大角的范儿，可是她自己没野心，也没这个命。

然而，王敏到了纽约之后，问题就发生了。她是个成熟的女人，又正值狼虎之年，自然会有生理上的需要，可是，我就是没法对她的身体感兴趣。两夫妻成天除了做饭、吃饭，就是大眼瞪小眼，在家里每天唱《坐宫》（京剧《四郎探母》中的一折戏），也没什么特别的话题。她英文不好，顶多只能替别人带带小孩，补贴一点收入。

对我，她倒是该做的都做了，我到后来为了躲她，不让她难过，就常常故意等她睡着了才敢回家，为的就是不要她太委屈。

就这样，我们这桩假婚姻居然维持了六年光景。这六年之中，我每月寄钱给她在中国的儿子，因为我本身也非常喜爱这个小孩，后来这个小孩终于也来到美国。王敏看看对我已无所需求，要做真夫妻我也实在没这个办法，而我自己也还年轻，还没有玩够，她就无奈地自个儿卷包袱走了。听说她后来嫁了一个钟姓的好男人，好像是个摄影师什么的，缘分尽了就是尽了，也没再联络过。在此祝福她一切顺心，也是这个好女子应得的。周小龙是大人了吧？很想念他呢！想想也真可笑，我跟李岩的儿子有这么一段六七年的父子缘。

听说李岩老师在离开王敏之后，和刁丽老师修成正果结婚，结婚之后又离了。只是每当我想起王敏当年在那个过程里受的委屈，自我流放，不惜和我假结婚也要出走异国，就不免想问李老师一个问题：您怎么回顾当年妻离子散的这段经历？您是否曾经后悔过？

不过，周小龙是我真心喜爱的一个晚辈，不管他现在认不认我，我相信有一天我往生后，一定会留一笔遗产给他。小龙他妈妈是个好女人，当初走这一步也是为了小龙，也请小龙体谅我只能做我能做得到的，帮我所能帮得到的。

盘丝洞（The Web）

前面说过，纽约是个多族裔的城市，而且同志文化非常发达。二十世纪八十年代、九十年代，光在纽约市，就有两百多家同性恋酒吧。我因为是这些酒吧的常客，而且每次去都是所费不赀。有一天我不免想到：纽约市有四五万名亚裔同志，为何不能有间专属亚裔同志的酒吧？我跟几位朋友分享了我的想法，没想到，立即获得两位朋友的热烈响应。

亚裔同志因为语言的问题，多半不敢轻易涉足洋人开的酒吧，要是不小心误入，随便被敲个三五百美金是常事。基于这种情形，我们认为亚裔同志酒吧是处于有顾客而没场地的状况。于是，以刘振瑞（马来西亚华侨）为主，包括我在内的三名股东，就在五十八街、派克大道和麦迪逊大道之间找到了一家曾被火烧过，当时已废弃的私人俱乐部，改装之后于一九九〇年正式开始营业。起初，我们名之为“58俱乐部”，后来，因为网路当时正要起飞，也因为我在邵氏主演过《盘丝洞》，我们就把酒吧取名为“The Web”，中文名字就叫“盘丝洞俱乐部”。

盘丝洞一开张生意就很好，每天下午四点开门，一直要到凌晨四点才息业，生意最好的时候，得在门口等四五十分钟才进得来，别的酒吧收三十五十，盘丝洞只收十美金就可以在洞里昏天黑地地泡上一晚上。生意好的时候，我一个晚上光做酒保的小费就有三百美金。每天晚上回到家光数钞票就数不完，可惜开销也大，方方面面都要打点，最后钱也是没有赚到。不过我看得开，人生嘛，这么好玩，什么本都够了。

我们的酒吧有三层，地下室是我的画家好友陈丹青画的一连串古希腊男子煽情的壁画。可惜这些壁画后来因为酒吧重新装修而损毁了，否则的话，以陈丹青今天的名气，一定会有许多观光客专门来瞻仰他的画作。我们的酒吧谈不上豪华，甚至可以说是有一点寒酸，除了一盏会旋转的星形大吊灯之外，平常多半是靠一些 go go boys 表演节目。像我，刚开业的时候除了客串酒保之外，也经常客串 go go boys 上台表演一番。二楼除了有撞球台之外，也有隐秘性较高的黑房，不过，要在半夜一点之后才开放。从二〇〇〇年开始，盘丝洞每年六月都会参加全纽约一年一度的同志大游行。我们的花车都是陈丹青帮我设计的，我会替花车上穿着小短裤的帅哥同志表演者设计一些舞蹈及武术。就这样，连续四年，我们得了全纽约一百五十多部花车中的最佳花车奖。

盘丝洞每个月都会推出新的节目，如选拔最帅同志、反串皇后、亚洲王子等，让大家玩得开心。我们还替新移民开了一些课程，所以大家都对盘丝洞非常推崇。在我的酒吧里，二十几年来毒品是绝对禁止的，这一点在纽约的酒吧中算是非常不容易，这倒是我把持得好，连抽烟也不可以，

带队参加纽约的同志大游行。

与盘丝洞的投资伙伴刘振瑞合影。

周龙章在盘丝洞客串go go boys。

要抽烟得去门口大街上。打架在我们的酒吧也很少，倒是争风吃醋的事经常发生。盘丝洞还举行过多次同性恋婚礼，我还当过证婚人。我们的员工之中若有人患上艾滋病，我们也会特别给予照顾。

盘丝洞从开张的第一天就开始赚钱，一直赚到“九一一”恐怖攻击事件为止。“九一一”恐怖攻击事件一发生，就像是个轰天巨雷，让酒吧的消费者产生无比恐惧的心理，再也逍遥快乐不起来。我们虽然苦苦支撑，但撑到二〇一三年，我们再也撑不下去了。没办法，我就跟合伙人刘振瑞商量，结束了盘丝洞的生意。在盘丝洞营业的这二十三年中，发生过无数悲欢离合的故事，可以写成一本十万字以上的传书。啊，俱往矣！无论如何，盘丝洞对于东方的同志来说就像是一个家，来到这里就放下很多烦恼。到今天为止，我很高兴我参与了美国第一家亚裔同志酒吧的创立，这方面我要感谢我的合伙人刘振瑞。

第四话

在艺术和戏剧中成长

生命中的贵人——Olga Tong

一九七四年的第二个意外，是我碰上了我生命中的第二个大贵人——Olga Tong。唐老太太是白人，嫁给一位中国读书人为妻，但先生已经过世了。她是位人类学的博士，教了一辈子的书，如今已退休，靠一些积蓄及每月领取社会福利金过活，有个智能障碍的女儿和女婿。女儿和女婿都对老太太不是太好，因为他们智障不懂。

我到现在还搞不清楚为什么唐老太太这么喜欢我，把我当亲生儿子一样宠爱。我跟她认识是有一次我在《白蛇传》中串演许仙这个角色，演完后她跑到后台来为我们加油打气。从此，她就黏上我了，对我比她亲生儿子还要亲。她带我到银行登记，她的银行存折，只要我签字，一样可以领钱。那时纽约的一所大学有个戏剧硕士的函授课程，我去报了名。到后来，我的硕士论文都是她帮我翻译的，书也是她帮我念的。就这样，她无怨无悔地帮助美华、帮助我本人二十年。公事之外，每两星期她也总来我的住处替我洗衣、整房间，烧一些非常难吃的中国菜。我呢，因为惜福感恩，总是一口一口替她全部吃光。

她一生教学省吃俭用，在布鲁克林公园大道旁有栋四层楼的大房子，大小共有十三个房间，屋后还有个花园，她死前因为怕有遗产税的问题，故把房子预先过户给我。她是年轻的时候趁着房价便宜买的，如今这栋房子少说也值百万美元以上。我幸好有这栋房子可以放租，否则后面几年我手头拮据就撑不过去了。当然，她的智障女儿及女婿是由我负责照顾，一直到他们俩都过世为止。

为了感念唐老太太对我的恩德，至今我仍把她的骨灰坛置放在我的办公室里，以便我不时可以顶礼膜拜。美华艺术协会有任何事件，或我私人有任何大事小事，我总向她报告报告。坦白说，要不是有她的帮忙，我今天绝不能够完成许多事情。这一切也只能说是天意，我是感恩的，我不知道老天爷的旨意何在，但我是蒙受到了。

我热爱的表演生活

礼品店的生意总不是很好，所以我又和一个同学在十四街七马路上开了一家外卖小吃店，开始时生意很不错，但我还是睡在店里的沙发上，就这样一直到 Olga Tong 老太太要我搬去她家住为止。

然而，就在这个时候，我参加了江青舞蹈团。江青本来就是我在南国剧校的老师，与我是旧识。当年她在电影界也是很红的，《七仙女》《西施》

《状元及第》中，她都是女一号，但她为了刘家昌和李翰祥的婚姻私人问题，独自离开了电影圈，在卢燕的洛杉矶居所停留了一阵后跑来纽约，成立了纽约江青舞蹈团。团员中只有一个黑人、一个日本人、一个洋女孩、一个洋男孩和两个中国男孩。这些人都是为艺术而参加的，平常只领少量的车马费，没有薪水。但是舞团经营得非常专业正规，江青有一次为我编了一个长达两个小时的大舞剧，她自己只演一个小配角，有个几分钟的独舞。公演时老林（林怀民）也来看了，说是我所演的老渔翁演得最好，叫人感动泪下，可是论舞蹈的表现就数我最烂，跳得最差。他说，要是我是云门的一员，他一定开除我。没想到，这出由电影《喜、怒、哀、乐》改编名之为《乐》的舞剧，被《纽约时报》称之为中西合璧的绝佳作品。江青姐带着这部作品参加全美各式各样的舞蹈节的演出，后来我们还去香港参加亚洲艺术节。

也因为这次的成功，很多外百老汇的剧场导演来找我，其中以华裔导演 Tisa Chang 改编自京剧的《凤还巢》最为轰动。Tisa 在外百老汇有她的地盘，她把京剧掺杂了南北歌舞杂耍，在外百老汇著名的“辣妈妈”（La Ma Ma）剧团演出，连演了两个多月，每场有八十多个座位。因为是中英文双语演出，又把中国功夫、舞蹈、京剧、越剧、黄梅戏、昆剧全加在一起，所以洋人好奇。CBS 电视台也看上了我们，正式请我们入棚拍摄整剧，并在星期日早上播出。那年是一九七二年，每播一次我们每个演员约可拿一百美元。啊！那段日子，虽然穷，虽然苦，现在回想起来，倒觉得十分实在！

劳军演出。

李安导演也曾造访456画廊。

美华艺术协会的成立

时序移转得很快，一会儿就到了一九七五年。这一年可以说是我一生中最重要的一年，因为就在这一年，我与一些朋友成立了美华艺术协会，从此决定了我的后半生。

大纽约地区虽然有八十多万华人，但那时纽约中国城并没有一个像样的艺术社团或是专门主办华人艺术活动的机构。在一些热心朋友的鼓吹之下，我们成立了美华艺术协会（Chinese American Arts Council），由我担任第一任也是至今唯一的会长。这些朋友是谁呢？哦！有当时业余京剧社社长文纪洛、台湾旅美陶艺家李茂宗、专搞海外电视的罗中郎、华策会的副会长王碚、我，以及我所推荐的唐老太太（Olga Tong）。

单凭一股服务艺术的热情与理想是难以成事的。为了找一株大树作为依靠，我们投奔了当时华埠最大的华策会（Chinese American Planning Council）。作为它的附属机构之一，条件很简单，就是我们在活动之中要为华策会打广告。华策会还提供给我们一间办公室，就是百老汇街 456 号。这间办公室就成了我们的总部，一直用了几十年。因为办公室的空间很大，又在纽约最出名的艺术中心苏活区，我觉得可以另作他用，就把它改为一个展览空间，也就是至今已经展出两百多位艺术家作品，在纽约艺术界大大有名气的“456 画廊”，又叫“群艺堂”。因为这个名字太老太中国，所以现在已没有人那么叫它了。

别看 Olga Tong 是位看似不中用的洋老太太，她其实是个大博士，经验好学问好，是美华艺协的英文文胆。我们向纽约市政府文化局、纽约州文化事务局以及美国国家艺术基金会（NEA）申请补助，几乎所有的案子都是出自她的手。那时，美国各级政府的经费充足，而华埠又特别需要像我们这样的一个组织，所以我们做的事情特别多，最多一年可以做到两百多个活动，大大小小的都有。

譬如说，每个周末，我们都在华埠的哥伦布公园免费演出——华埠夏季文艺大会，虽然演出多半是社团性质的表演，但节目种类繁多。许多家庭也是一到周末就带着全家老小来欣赏，到了周日下午，都是座无虚席。难得的是，这一做就做了二十年，从一九七五年到一九九五年，我们的成绩就摆在那儿。

一九七七年，因为在纽约艺文界我们已做出了一点小名声，便受邀到白宫参加圣诞节的点灯仪式，就在露天的白宫玫瑰花园，并做演出。那时候的总统是卡特，我请了四位舞蹈家表演，一位是高洁冰，另一位是杨凡，还有当年香港“七小福”的成员陈元香、虞元红，还有十几位纽约当地的武术演员、舞者和我的学生。杨凡是男扮女装，演一位思凡的尼姑，非常漂亮，美艳动人极了，比女人更女人，比俞少群更俞少群。但他一看完卡特总统亮灯仪式就撤了，没留下来看表演，他老人家二话不说地为自己在场上拍了些跳舞的照片，匆忙下了装就溜之大吉，连后面的演出也没参加。后来他到了香港，包装成一位顶级名人摄影师，更拍了十几部非常艳俗、一般观众看不懂的电影，而导演自己也成为宣传大师，这倒是后话。

现在说说我的住宅。美华艺术协会成立之后，唐老太太看我没地方住，就邀请我住到她家里去。后来，曼哈顿的四十二街地区因为治安太乱，富人不敢搬进来住，地产商只好将土地卖给市政府。市政府规划改建成公寓，专门给低收入的艺术家住。老太太在《纽约时报》上看到这个消息，就鼓吹我去申请。那时申请的华裔艺术家很少，最后只有我和江青申请到。她住七楼二房一厅，我住四十五楼一房一厅，这一住就住了三十几年。因为我的住宅离百老汇走路只有几分钟，所以港、台、大陆的友人及艺人来纽约时，特别喜欢住在我的小套房。随手一数就有甄妮、卢燕、刘文正、费翔、郭小庄、罗大佑、杨凡，来访的艺人更不计其数，章子怡、徐静蕾、傅聪、马友友、马友乘姐弟、钟楚红、郑佩佩、江青、王菲、张君秋、童芷苓、徐露、魏海敏……过去三十年间，我接待过的艺人可说不计其数。

仿佛的代言人

由于我在纽约的艺文界非常活跃，慢慢地认识了许多人。纽约是个多族裔的地区，华人有八十多万人，自然也成为一小股势力。美国是个民主的社会，为了表示对少数族裔的尊重，许多公家机构在举办活动时都要照顾到各个族裔的权益。每逢市政府或州政府要办什么活动，它们总是要留一些空间给意大利裔、西班牙裔，或是华裔的新移民。我因为在纽约非常活跃，许多公开的场合，需要有代表华人的艺术活动，大家都会第一个想到我。港、台、大陆的新移民中，到纽约的艺术家也自然而然会和我结识，而且许多和我成了好朋友。无形中，我仿佛成了中华表演艺术的代言人。

事实上，我也乐此不疲。我是个戏痴，唱得好不好是一回事，但要有几个月不唱戏，我就浑身不对劲，非得上台纾解一下不可。当时美华艺术协会的活动可多得不得了，而大多数是义务性的（如到医院、学校表演等），让我成天忙得不可开交，每个月我们总有几次在医院唱歌跳舞来安慰病患。

说来也许令人难以置信，我最忙的时候，一年要办两百多场活动。你认为我的薪水有多少？换了别人，至少也得要个八万十万美金吧？然而，我们美华是个非营利性机构，所以我的薪水最多时一年也不超过四万美元。而且，我的公司里除了我之外，顶多只请一男一女两位助理，一碰到大型演出，都是要靠我四处找关系张罗才能过关。

《神猴西望》

纽约是个人文荟萃的地方，它不但是美国第一大城，也是美国财务、金融和表演艺术的中心。所以，不论是西方人或是华人，生平总是要到纽约走上一遭，才算是到了美国。二十世纪七十年代、八十年代，港、台、大陆的艺术家只要到了纽约，少不了都会跟我有深切的交往，我也成了等同于文化参事和礼宾司司长，每隔一阵子就要做一些送往迎来的事。为了交通方便，我曾同时拥有两部约有八成新的宾士汽车，要不就是我自己担任司机，要不就把其中一部借给友人，让友人有宾至如归的感觉。

就这样，我的生命在去纽约各大中学讲学演出、帮助艺术家及一段段同性恋恋情中度过，一直到我创办了一生中最得意的亚洲最杰出艺人奖为止。在我创立亚洲最杰出艺人奖之前，发生了一件让我意想不到的大事。

原来，纽约大学电影系的系主任崔明惠是个韩国人，但她吃的是中国饭，说的是中国话，思想也非常中国化。她看我从遥远的东方来美国闯荡，她非常欣赏也喜欢京剧，她认为我足以代表一般东方新移民中艺术家的形象，就想以我为题材拍一部纪录片。她还给纪录片取了个饶富意涵的名字，叫《神猴西望》（*Monkey King Looks West*）。和我一起担纲演出的还有张义鹏，以及出身香港“七小福”的虞元红、陈元香等人。

我以前在邵氏拍电影时多半演的是次配角，曾几何时这部纪录片居然让我成了主角，我自是全力以赴。《神猴西望》是获得美国国家艺术基金会五十万美元的赞助，才得以拍摄完成的。这部片子曾参加柏林影展、夏威夷影展、加州圣塔芭芭拉影展等，获得不少好评，只可惜来不及参加金马奖。

更不可思议的是，有个台湾旅美的纪录片女导演叫陈梅筠。她本身并不是个京剧迷，但手中收集了许多当年梅兰芳演出及生活的录影带，勾起了她一个想法，要拍一部纪录片叫《梅兰芳的京剧世界》。但是，她访谈

周龙章的孙悟空扮相。

和《神猴西望》的导演崔明惠。

了许多内行和梅派传人，都认为不适合，直到碰到我，居然一拍即合。

坦白说，我何德何能，怎么能够串演一代大师的风貌？也许是我们两个胆大妄为吧，居然花了几个月时间拍出来了，还参加了许多国际电影节的展出，连不少京剧内行也来一探究竟，看了之后自然是对我骂不绝口。对此，我只能说，在梅兰芳众多的纪录片中，这绝对不是最好的一部，它只是我一生中众多胆大妄为的事迹之一而已。

细说亚洲最杰出艺人奖

有些人批评我创办的亚洲最杰出艺人奖，说，你这个奖完全没有公信力。

其一，一九八一年成立这个奖项是要命名“青龙奖”的，但因为我自己的名字中有个龙字，所以改称亚洲最杰出艺人奖。有人问，既然名之为“亚洲”，为何得奖者清一色的都是华人？

其二，人家每个奖都要组个评审团或是委员会之类的，而且都要经过一道道繁复的评审过程，唯独你这个奖虽然打着纽约文化局的名号，事实上却是你周龙章一个人说了算，这算是哪门子的公平公正？

对于这些抨击，坦白说，我是心中自有一把尺。如同名称亚洲最杰出艺人奖（Most outstanding Asian artist award），每一位得主的成就绝对无偏无私，没有与任何政治、人情、金钱和权力挂钩。

得奖者有傅聪、马友友、徐露、张君秋、梅葆玖、红线女、戚雅仙、王文娟、徐玉兰、魏海敏、顾正秋、江青、言兴朋、严兰静、童芷苓、傅全香、金采凤、杨丽花、林怀民、林昭亮、张柏芝、吴彦祖、黎明、徐若瑄、秦海璐、苏有朋、吴辰君、郭富城、章子怡、赵薇、吴秀波、甄子丹、杨千嬅等。每一位得主都从工作地赶来纽约。试问，世上有哪个有关华人表演艺术的奖项的名单能超过我们？所谓组成评审团也者，只是表面上的公平，实质上的公正呢？二〇一三年的金马五十，终身艺术成就奖颁给甄珍。甄珍女士是我们年少时代的最爱，她可爱，又顽皮，也算会演戏，但她二十几岁就退出电影圈，先嫁谢贤，后嫁刘家昌，命好，一辈子没吃过一点苦，三十年来也没替电影艺术做过任何一件事。金马五十把甄少奶奶搬出来，给她终身艺术成就奖，你又怎么说？

亚洲最杰出艺人奖固然是我一手所创，再加上林肯中心及纽约文化局局长的坐镇配合，更加上我不存私心，这些年来，这个奖成绩单在此，不但为华人争光，为纽约争光，也为整个华人的表演艺术争光，我是问心无愧的。

也有人批评说，周龙章把持了林肯中心几十年，利用林肯中心的光环为他私人打造知名度。对于这种批评，老实说我是哭笑不得。林肯中心是美国表演艺术的最高殿堂，内部有严密的组织和不容违反的纪律，岂是任何一个人能够把持的？如果是的话，那你为什么不去把持看看？有人阻止你吗？别的不说，你不妨先自问一下，你有本事像我一样在林肯中心举办上百出最精锐的华人戏曲表演吗？坦白说，我之所以能够成功地以林肯中心的名义举办亚洲最杰出艺人奖，完全是因缘际会。

林肯中心是属于纽约市政府的一个机构，它必须照顾到少数族裔的权益。它有个社区部门，专门邀请意大利裔、华裔、拉丁裔，甚至是黑人族群的代表共商节目，等于说这些族裔的代表就是林肯中心的桩脚。一九七八年的时候，纽约大都会博物馆前馆长 Henry Geldzahler 被 Mayor Koch 任命为纽约市文化局局长。他有个想法，想利用林肯中心的户外场地在暑假期间举办个户外表演节，让纽约市民及外来观光客能够免费观看。于是，我也被找去开筹备会议。依照林肯中心原来的想法，是要叫这个户外节庆为 Lincoln Center Street Festival，开会时问到我的意见，我说："何不干脆叫 Lincoln Center Out of Door Festival？"本来，这在英文中有点半通不通，但与会的六人居然赞同我的提议，包括负责节目的 Jenneth Webster 女士在内。于是，林肯中心就成立了 Outdoor Festival，而且一做就做了三十年，华人的节目包括罗大佑演唱会、谭盾武侠三部曲音乐会、台湾的"原住民舞团"、朱宗庆打击乐团、福州市立闽剧团及台湾的九天民俗技艺团、汉唐乐府在内。

Henry Geldzahler 本身是个知名的艺术史学者，曾经也是纽约大都会博物馆的馆长，可是他也是纽约知名的同志，有个短小精悍的波多黎各年轻情人。他第一次看到我就非常喜欢我，有一次开会结束后，他特地要我留下跟我说："你提两个企划案给我，我挑一个看看有什么我可以帮美华和文化局合作的地方。"

我回到办公室之后，立刻找了 Olga Tong 唐老太太写了两个企划案：

PROGRAM

About the Most Outstanding Asian Artist Award

The Most Outstanding Asian Artist Award, presented annually, was founded in 1981 by Mr. Henry Geldzahler, Commissioner of the New York State Department of Cultural Affairs; Dr. Leonard de Paur (1914–98), Director of Lincoln Center; and Mr. Alan Chow, executive director of The Chinese-American Arts Council. It was, and still is, one of the first awards to recognize outstanding Asian performing artists. The Most Outstanding Asian Artist Award includes three categories: Lifetime Achievement, Most Outstanding, and the Special Award. In the past 21 years, 59 performing artists have received awards for outstanding performance and achievement in a variety of disciplines, including classical music, traditional Chinese music and dance, modern and folk dance, theater, puppet theater, and national and regional Chinese operas.

This year's award ceremony and program is dedicated to Jian Lian Kuang, Ching Ping Wong, Shen Hua Ji, and Rika Yu, who have contributed their entire lives to the promotion of Chinese opera and performing arts and Chinese music. We greatly appreciate their endless enthusiasm and dedication to the Chinese performing arts.

Lisa Lu (recipient of the 1999 Lifetime Achievement Award) and Alan Chow.

Yo-Yo Ma (recipient of the 1982 Most Outstanding Asian Artist Award) and Alan Chow.

All photos by Victor Yang

Schuyler G. Chapin (Commissioner, New York City Department of Cultural Affairs) and Lin Hwai-Ming (recipient of the 1991 Lifetime Achievement Award).

PROGRAM PRODUCTION
Alan Chow, *Producer*
Shieh-wen Chen, *Coordinator*
Lily Sze, *Frontstage Manager*
Xue Wen Fang, S.E. Lu, *Artistic Directors*
Tian Hong Wang and Xiannian Xiao, *Music Directors*
Yang Gui Ying, *Costume Design*

SPECIAL THANKS TO
Assemblyman Sheldon Silver
Abacus Federation Savings Bank
Great China International Tours
Renaissance Chinese Opera Society

(continued on page 37)

主办林肯中心的亚洲最杰出艺人奖文宣。

一是将我的硕士论文《中华艺术在华埠》印成专书。这份硕士论文由我口述，Olga Tong 主笔，是二十世纪八十年代一份很好的中华艺术在纽约发展的实录。二是每年春节期间在林肯中心举办“中国城万岁”的表演节目。万万没想到的是，贵为新上任文化局局长的 Henry Geldzahler 居然一口气答应了我的两个企划案。我只能说，这是瞎猫碰到死老鼠，我有时就是有这种歪打正着的好命！也因此，我们美华和市政府的关系愈来愈好。

还有，林肯中心社区部的主任叫 Dr. Leonard de Paur，是位名指挥家，也是法国籍的黑人。他见玉婆伊丽莎白·泰勒多年努力为公益事业出钱出力，为艾滋病患奔走，不遗余力，便以林肯艺术中心的名义颁个终身艺术成就奖给她。Dr. Leonard de Paur 这么一做，当即启发了我的灵感，我们华人之中不是也有个玉婆李丽华吗？她就住在新泽西，虽然平素不与人来往，但与我还是保持联络。因为当年她在邵氏拍《观世音》那段时间，我在拍孙悟空，所以打光换景休息的时候，我总是溜到她的棚里去找她聊天。虽然那时她是天王巨星，我默默无名，但她总是平易近人，和我打成一片。等她退休后搬来纽约，平常喜欢调嗓玩票，常在丁大夫丁景源家唱戏，我也常去，所以一直有来有往。

于是我就向 Dr. Leonard de Paur 建议，以纽约市文化局、林肯中心及美华艺术协会的名义成立亚洲最杰出艺人奖，第一届就希望颁给李丽华。令我喜出望外的是，Dr. Leonard de Paur 居然一口就答应了，那玉婆李丽华更是不在话下。李丽华虽然平生拍了一百多部影片，但已息影多年，而且老伴严俊也已过世，有这样难得的机会让她重新崭露头角，对她来说正是求之不得的事。

就这样，亚洲最杰出艺人奖诞生了，那年是一九八一年。林肯中心在八十年代可不是像今天这样有钱就可以租场地的，那时，要进林肯中心可说是难上加难，所以台湾及大陆的艺术界莫不以能够在林肯中心上台为荣。有了林肯中心这张牌在手，我几乎可以请到所有海峡两岸的艺术大师了。

当然，我们办活动免不了许多开销，需要向外寻求赞助。纽约市的电力公司叫康爱迪生（ConEdison），我就向它寻求赞助。康爱迪生一点也不吝啬，除了每年给我们林肯中心的场地外，还答应每年给我们演出制作费五万美金。几十年前的五万美金，可是一笔大数目。有了这几张王牌在手，让我每年邀请一两位杰出艺人是绰绰有余的了。

第二年，我们把亚洲最杰出艺人奖颁给了大提琴家马友友先生。老实说，友友当年也没有现在那么红，但友友根本不缺这个奖，他之所以愿意领这个奖：第一，他觉得我这个人 gay 得很好玩，跟我有另一种小缘分，而他也喜欢中国戏剧；第二，完全是在他的血缘中存有一份对中华文化的认同。他领奖，对美华艺术协会而言，等于是大大地肯定了我们这个奖的地位。后来，他在一九八七年又答应与林昭亮一起为我们美华艺术协会举行义演，更是给了美华艺术协会一个天大的人情，因为，这场联合公演让美华艺术协会赚了不少钱。（每张普通票一百美元，赞助票一千美元。）这笔钱起初是进了华策会，但后来美华艺术协会缺钱时，将这笔钱提出并用完。

第十届的得奖人是台湾的名老生胡少安先生及北京的梅葆玖先生，这是两岸京剧界人士的第一次大会串。我们为他们举办了两岸京剧界首次座谈会，非常轰动，也开了两岸京剧界交流的新猷。两岸相隔了四十年的戏剧演员，居然在大洋的那头，在纽约中城的一家会所坐下来谈一谈京剧，述一述往事。葆玖和他唱老生的姐姐葆玥大展金嗓，左一段右一段，和台北来的胡少安、朱陆豪唱个不停。

到了次年，在第十一届亚洲最杰出艺人奖的颁奖典礼上，我又发挥了我的创意点子。我从大陆请来国宝级的大师张君秋，又从台湾请来青衣祭酒顾正秋，让他们师徒俩有个“双秋会”。试想，张君秋会顾正秋，这是多么轰动的一件大事！在两岸关系仍属于肃杀的时代，有谁敢做这样的倡议？然而，就是我这个初生之犊的胡作非为，把这件事做成了，而且造成了相当大的轰动。许多散居在全美各地的华人，为了一睹张大师与顾正秋的风采，都不远千里飞到纽约来参加盛会。

以哪吒造型在纽约自由女神岛上义演。

在林肯中心演出《霸王别姬》。

第五话

谈不上秘密的秘密

成功的五个基本因素

我在纽约闯出一番名号之后，有不少人问我，你成功的秘诀是什么？当然，我不敢说我很成功，只能说是有一点小的成就。我想，归结起来，有几个因素是不容忽视的。

一、我不贪财。我平生虽不富有，但多半也不缺钱。而且我孤家寡人一个，没有什么大的开销，因此，钱财对我来说从没有那么大的诱惑。过去几十年间，经过我推荐或担保而取得绿卡的华人艺术家超过一百位，其中还不乏知名人物，但我从不收一分钱。否则，若依目前市场行情，如果象征性地收一下，总也可发一笔大财。但我总觉得中国人应该帮中国人，大家在外都辛苦不容易，我们能帮人一点也是我们的福气。至今我只维持一个小康的局面，但人脉极广，跟我不收钱有很大的关系。经常有人受了我的小恩小惠，会跑来送一些东西给我，除非此人是我的至亲好友，否则，我一定说："请你把带来的东西拿回去，我若收了你的礼物，往后我们还怎么替你服务呢？”

二、我从不搞政治。多年来，美华艺术协会的招牌就是没有政治立场。对于那些激进政治团体，我碰也不碰，已是众所周知，因此，这些激进团体也从不来我的活动或演出的场子闹事，免得自己下不了台。美华艺术协会也只为服务艺术而艺术。

三、我与人为善，从不自以为是、大放厥词。譬如我担任美国国家艺术基金会执委有六年之久，每次开会我都紧紧张张，事先要准备很久。可是开会时，我从不高谈阔论，发表一些自以为是的意见。其他的执委看我不是个麻烦制造者，在我第一任届满时就说：“Let's keep Alan Chow.”就这样，我又可以混个三年。

四、我是初生之犊不怕虎，别人不敢做或是认为不可能成功的事，我偏敢于尝试，而且屡试不爽。我的哲学是“不试白不试，试了不见得白试”。譬如说第十一届亚洲最杰出艺人奖我邀请北京的张君秋和台北的顾正秋，两岸大师同台领奖，这是何等大胆的想法！但是，我就是做成了，而且造成很大的轰动。

五、我的生命中会适时出现一些贵人，如先前提过的南国剧校校长顾文宗先生，非常疼我的 Olga Tong 唐老太太，林肯中心的前后主管 Leonard de Paur、Jenneth Webster、Bill Bragin，纽约市文化局长 Henry Geldzahler 等，这些人不以我的同志身份为忤。你说怪不怪？这只能说，美国人对同志有着特殊的同情和包容。也许，我没有太大的学问，我只有所谓的“街头智

获得拿破仑十大杰出华人奖。

一九九四年担任扶轮社节目总监，左起依次为严兰静、翁倩玉、周龙章。

慧”（street smartness），该磕头时我不惜磕头，该送礼时我也绝不手软。这也许要归功于我的草莽历练吧。

至于我是怎么混进美国国家艺术基金会（National Endowment for the Arts）的呢，说起来，也是个大笑话。NEA驻纽约代表叫John Weasel，他跟他的男友Billy和我很合得来，他见我从事艺术活动很积极，就推荐我为第一个华人执委。每年我们要开两次会，每次三天，都是头等舱的机票和五星级饭店，还有一天一百二十五美元的餐费。由于开会前要做报告，我吓坏了，每次开会前都先去华府朋友家恶补。就这样，因为我不强出头的个性，让我一混混了六年。

要进NEA是多难的事，但我就是能够得逞，让许多人望而兴叹。这有点像是我在哥伦比亚大学和纽约大学做客座教授讲中国戏剧一样，每年他们都要我去讲，而奇怪的是我真的很受学生的欢迎，但当年我连考都不可能考得进去做学生的。

时势造人

一九八七年台湾“中华文化推行委员会”以严家淦的名义给了我一个海外十大杰出青年奖，还附带有八万新台币的奖金。但是，我并没有回台湾领这个奖，因为那年我请红虹到纽约来演出，所以顺便让她把奖给我带来，至于奖金嘛，我捐给了红十字会。不过，我得这个奖却让我的玩伴兼好友海根才很吃惊。他认为，他们海家班马戏团在海外奋斗这么多年，应该是他得奖才是。

同年，由纽约华埠华文记者票选的第一届拿破仑十大杰出华人奖也给了我。虽然这只是个酒商赞助的奖项，没什么多大的实质意义，但是能够成为第一位得奖者，也是件不容易的事。更何况，第二届的得奖者是马友友，第三届是林昭亮。

一九九四年，我又得到了个大出风头的机会。那年，全球的扶轮社要在台湾开总会，通过一些关系的介绍，他们居然找了我做节目总监。于是，胆大包天的我就从纽约飞到了台湾，找了赵怡和翁倩玉当节目主持人，节目中还安排了由严兰静主演的《霸王别姬》等。这次的经验，可以说是我第一次，也是唯一一次策划全球性的活动。

这时候，我的生命中又出现了一位贵人，她就是在纽约音乐圈子中大大有名的 Marie Ashdown 女士。Ashdown 女士本来是新奥尔良地区人士，夫家是当地的船王，很有钱。她来纽约之后，成立了“音乐家救急基金会”（Musicians' Emergency Fund），自任董事长，以专款救助受困的音乐家们。因为她的许多慈善行为，使她在纽约成为一个德高望重的人物。很巧的是，她不知为何对我极为欣赏，还自掏腰包五万美元帮我印制了我的一本画册叫《龙章游戏三十年》，至今仍感念她的善举。

我常说，成功的要素是：“In the right time，in the right place，do the right thing，and by the right people.”也就是必须天时、地利、人和等条件都具备，才有可能成功。

在天时方面，我可以说是一个资讯不公开、不对称时代的产物。二十世纪八九十年代，林肯中心尚未对外开放，全世界各地的表演艺术家莫不视在林肯中心演出是件了不起的盛事。无巧不巧，凭着我的小聪明，我居然能够让林肯中心成立亚洲最杰出艺人奖，而且一做三十年。

如今林肯中心只要有钱就可租得到，到林肯中心演出对两岸艺人来说已不是件难事。

在地利方面，本书开头即说过，纽约是属于全世界的，任何人只要在纽约发光发热，必然引起全世界的瞩目。坦白说，我当年要不是勇敢地选择纽约，在美国的任何一个其他城市，都不可能创出我今天的成果。这一点我倒要感谢我的二弟周美章，因为当年他在我就来了，他不在我还不敢独闯大苹果呢！

《木兰诗篇》的生涯最高峰

一年一年很快地过去，在我的策划奔走之下，一批批的两岸杰出艺人纷纷来到纽约林肯中心领奖。但是，中国艺人在美国最辉煌的时刻，应数二〇〇五年九月十八日晚上。因为，就在这个时间点，彭丽媛在林肯中心领取第二十四届亚洲最杰出艺人奖及主演她闻名全世界的《木兰诗篇》。不夸张地说，那一晚可能是数十年由我主办林肯中心活动以来最风光的一个晚上。

光是舞台上的合唱团和舞台前的管弦乐团加起来就有两百五十人之

多，场面空前盛大。加上座无虚席的宾客之中有各国使节、中国驻美的各级大使、政要、纽约当地的华洋闻人以及美国音乐界的耆宿，群聚在林肯中心的 Alice Tully Hall 观看这场演出。那一年适逢联合国成立六十周年，彭丽媛从 Marie Ashdown 女士手中领取了第二十四届亚洲最杰出艺人奖，也达成了至高无上的外交意义。而我借着她的光环，也让我的生涯达到巅峰。

《木兰诗篇》演出很成功，但是我们主办单位、协办单位的人都是志愿服务的，没拿工资，不过从此声名在外。好事传千里，就有了中央电视台、电影台跟我们合作纽约中国电影节的基础。

Chinese Film Festival of New York 的源头当然是央视的王欣嘉导演，美华驻北京的王凯杰主任更功不可没。但是一届一届办得成功，幕后的辛苦也是可以预期到的，要再一次谢谢我的好兄弟王凯杰及王欣嘉导演。

纽约华人艺术

有些华人媒体，如台湾的《一周刊》、香港的《明报》等称我为“华人艺术教父”，我对这个名称是愧不敢当的。讲学问，我中英文都是一个字“烂”，平素不学无术，又不结党营派，平日所为不过是替纽约华人引荐一些杰出的大小演员和艺术家，都是尽一己之力服务人群而已，哪当得起教父这个称号？再说教父有教父的风范，光看外型，我五短身材、瘦瘦小小，也不像呀！

纽约倒是有两个人几近教父。一个是谭盾，他俨然成为大陆艺术家在纽约的大地主。他在纽约第十九街九大道口的那栋大房子，后有小花园，花园里有小山小水小池塘。每逢天气好，三五好友在小园子里吃个小午餐，不知有多享受，我就吃过不知道多少回。每逢有中国的知名艺术家来访，他总会在家中开个派对来迎接或庆祝。久而久之，他众望所归，成为对中国艺术家有影响力的实力派人物。我就是在他家里认识郎朗和李云迪的。

在台湾能称为艺术教母的应属画家陈张莉（Jenny）。陈张莉的先生是台湾南侨化工的老板，家境富裕。她在苏活区 Mercer 街上拥有两间大画室，为人热心随和，艺精人好，经常独来独往，一般从台湾来纽约的年轻画家或穷学生，都会找到她。她管吃管住，从不跟人计较，所以建立了不错的口碑。三天两头家里有艺术家吃吃喝喝、谈古论今，人家财力够又有心，这才叫华人艺术头头啊！

另一个当得起纽约华人艺术教父的是张文艺（笔名张北海）。张北海博学多闻，能言善道，是个可以与之煮酒论英雄的对象。张文艺是张艾嘉的亲叔叔，以撰写纽约的历史掌故、雪泥鸿爪享有闻名。因为张艾嘉和罗大佑的关系，港台影视界和艺文界的人士来到纽约多半由他接待。二十世纪八十年代我主办的“胡金铨电影回顾展”，胡本尊到了纽约，我就请他在张北海家里小住。两个都是酒仙，每天喝酒打屁，凌晨三四点钟也不肯就寝。

我要真是纽约的艺术教父就好了，可以为那些苦难的艺术工作者再多做些事，可惜我不是。我没有条件也没有本事，尽心尽力完成每一个项目，有谁知道我的辛酸？要维持一个美华艺术协会，真是一件非常不容易的事。巧妇难为无米之炊，别人只看到我风光的一面而已。我常说，谁家没有难事，谁人没有委屈呀。轻舟已过万重山，真给我做了一点事出来，算是没浪费这一辈子，我感恩惜福。

回首来时路

一份工作做了将近四十年，总会有厌倦的时候吧？读者不免会问。我说实话，厌倦倒是没有，不过，我倒是慢慢觉得有点力不从心了。这怎么说呢，第一，我已经年过六十，精神、体力已不如前。第二，这几年美国经济惨淡，不只市政府，连州政府和联邦政府都拿不出钱。以前每年我们美华至少还有个十万八万美元的补助款，现在全部被删，搞得我连美华办公室每月的房租都付不出。为了延续业务，我只好厚颜举行募款餐会，公开向各界募款，即便如此，所募到的款项也不过三四万美金，可谓杯水车薪。唉！真是寻寻觅觅，冷冷清清，凄凄惨惨戚戚，这光景，独自怎生得黑？

不敌晚来风急，可说是我目前的光景。最主要的原因是美华是个非营利性机构，从不以赚钱为目的，如今财源枯竭，势必面临倒闭。幸好，我的好友陈丹青情义相挺，让我能够再撑一阵子。有几位朋友跟我说，你已经风光几十年了，林肯中心也正式肯定你的贡献，你应该可以退休了吧？退休？我何尝不想？但是，哪里去找接班人？这才是最根本的问题。以我的年纪，顶多再干个两三年也就得退了，但是，要找个接班人还真的不容易。

第一，此人必须具备美国国籍，而且英文不能太差。第二，此人必须热爱艺术，并且对戏剧或其他形式的艺术有深厚的了解。第三，此人必须深获林肯中心主管的信赖。第四，此人必须有良好的两岸关系。热爱艺术，中英文俱佳，办事能力也特强，但真要接手美华艺术协会，是要有大缘分的。

亚洲最杰出艺人奖有二十七年都是颁给知名的表演艺术家，但自第二十八届起，改为以中国电影节的形式举办，领奖的都是电影演员和导演。这个大幅度的转变令我一则以喜，一则以忧。喜的是，以往要凑个三五千人来塞满林肯中心的剧院是件难事，改为中国电影节之后，很容易就让林肯中心爆满。而且，节目内容通过中央电视台在全中国转播，也让林肯中心觉得很有面子。因此，林肯中心对这样的转变基本上是很满意的，或者说，并没有感觉到丝毫的不满意。忧的是，改为中国电影节之后，一些没有什么真正艺术造诣的演员明星也能得奖，让这个奖的价值打了折扣。

要说大陆方面对在林肯中心每年举办中国电影节没有整体的战略思考，那是不可能的。每年花费这么多的人力、物力，而且让港、台、大陆的明星、导演同台领奖，所为何来？然而，现在看，中国电影节的举办已经积重难返了。二〇一五年也是美华艺术中心创办四十周年，一定会扩大举办第六届。那许多翘首企盼要领亚洲最杰出艺人奖的表演艺术家，只好再耐心等待下去了。问题是，要等到何年何月呢？有没有可能永远等下去？

坦白说，对这个问题，我自己也没有答案。自今年起，亚洲最杰出艺人奖将更名为“金苹果奖”，以免再被别人批评说亚洲最杰出艺人奖只颁给中国人。我想，在不久的那一天，我的角色被完全取代，是个必然的结局。为什么呢？因为当初亚洲最杰出艺人奖一共有三个创办人：纽约市文化局局长 Henry Geldzahler、林肯中心社区部主任 Dr. Leonard de Paur 以及美华艺术中心会长周龙章。如今，前两位都已作古，所以，亚洲最杰出艺人奖由林肯中心主办改为由美华艺术协会主办，在林肯中心举行，并邀请纽约市文化局局长颁奖，它的光芒自不如以往那般闪亮。

美丽的正确

读者看到这里，应该对我这个人及我成长创业的过程已有相当的了解，那么该怎么为我这个人下一个定论呢？

我有一位不打不相识的朋友杨人凯。杨人凯本是美洲《中国时报》的记者，常跑华埠新闻。一九八二年，郭小庄的“雅音小集”在林肯中心演出全本《白蛇传》，由小庄本人演白蛇，曹复永演许仙。青蛇一角，本来是马嘉玲演的，但马临时有事，戏又不能开天窗，就由我临时充数上台扮

第四届纽约中国电影节开幕，
主席周龙章致词。

周龙章扮老生。

演（我的戏瘾是众人皆知的）。岂料，杨某看完之后，居然在美洲《中国时报》发表一篇文章，标题为“一粒老鼠屎坏了一锅粥”，文中将我痛批了一阵，认为我是全场演出的唯一败笔。试想，我爱戏成痴，如何能忍受如此污辱？于是，我就打电话向他抗议。从此，我与他之间有了较深层的来往，并且逐渐成为好友，友情一直维持至今。

杨人凯将这段经过请教台湾文化创意协会执行长黄寤兰小姐，她毫不迟疑地说：“Alan 啊，只能说他是个美丽的正确。”“美丽的正确”？从未听说有这个说法，美丽的错误倒是经常听人讲，莫非黄寤兰有意反讽？

我是一个独上高楼，望断天涯路的人。对于弘扬中国戏剧和中国文化，我是衣带渐宽终不悔，为伊消得人憔悴。或许，冥冥之中，在过去三十多年里，纽约正需要一个像我这样的人，爱艺术成痴，不按牌理出牌，虽出身富贵，但却不靠家世，赤手空拳地打下了今天的一片江山。

在海峡两岸的艺术家都在寻找一个像我这样的人的时候，我，一个曾经考试作弊、逃学弃家，并且不畏偷渡、使用假护照的大同志，居然就适时出现在纽约这个国际城市，为发扬华人戏剧及艺术贡献了微薄之力。正所谓，众里寻他千百度，蓦然回首，那人却在灯火阑珊处。

没错，这么多年来，站在纽约舞台灯火阑珊处的就是我，是我让纽约的华人舞台呈现出一片辉煌。如今蓦然回首话平生，自是满纸荒唐言，一把辛酸泪。

第二部

我看人物

歌手

刘文正

不喜欢出风头，不喜欢做明星，

一个不小心，却做了大明星。

最后被整个台湾逼得远走他乡。

大气、高贵、厚道。

我这辈子认识很多演员，在这些演员之中，有些是非常特殊的，像刘文正刘大头就是非常特殊的一个例子。这么多演员当中，刘文正和方盈都最不喜欢出风头，最不喜欢做明星，但一个不小心就做了大明星。刘文正念高中的时候，因为外型好，很会唱歌，学校有庆典就叫他去唱歌，结果一唱就轰动了，收也收不住。刘大头是个好人，对什么事情都无所谓。二十世纪八十年代的时候，他在纽约，那个时候我办很多文艺活动，因此我们就非常亲近。经过很长一段时间之后，我们就成了最好的朋友。他高贵、大方，他这种气质，我觉得在台湾，到现在还找不出第二个。他整个人的形象就是不为名利，把名利看得很淡。

那段时间，他每一次到纽约，第一个就打电话给我，我们就约在五十街的一间酒吧见面。那时候他在台湾是最红的，整个台湾的演艺圈有所谓的“刘文正时代”。他的红是没办法挡的。那时候他常跟我说：“人不晓得到世界上来做什么，生也一个人来，死也一个人去。人生的喜怒哀乐，有什么意义？”我听他这么说，就觉得好奇怪、好奇怪。刘大头，你已经这么红了，别人想要你的百分之一却达不到，你怎么会有这种想法呢？可见那个时候他就看破了这一套，有点想退下来了。

小妹张艾嘉到纽约来，因为找不到文正，就找到了我。她就说：“你告诉文正，我们见个面好不好？”喂，这是小妹，张艾嘉呀！她跟文正是什么交情啊！后来我把这事告诉文正，刘文正只说了三个字：“不必了。”并不是说他得罪了小妹，也不是说张艾嘉得罪了刘文正，只是他觉得没有必要，演艺圈的人他都不想见。其实文正也不是对张艾嘉一个人，他已经不要演艺圈的朋友了，就连罗大佑要找他，他也不愿意见。那时刘文正唱的很多歌是大佑作的，我只好跟文正站在同一阵线上，帮他挡一些朋友。我跟他最热络来往的时候，是八十年代。那时候台湾有个歌星叫鲍立，得了艾滋病死在纽约。报纸上隐隐约约地讲了许多，说是台湾名歌星 ××× 得了艾滋病死在纽约。文正看了这些新闻气得不得了，但是他又不能出面辩驳，而且他也不屑出面。那怎么办呢？我们两个商量，也没什么办法，又不能去告人家。名人有名人的苦，他就这样瘦下去了。

文正在他最红的时候到了纽约，他最担心的事情是什么呢？大家想不到的，他最担心的是他的头发。他的发质一直太弱，而且他的头发很薄，三十岁过后，他的头发掉得很厉害。所以他到处找护发水，也找医生看。那时候我们很热络，友情很好，他到纽约几乎都是找我。有一次他告诉我

文正与龙章哥俩好。

说，他有个好友叫费翔，费翔想红，但红不起来，因为在台湾混血儿想红不容易。他跟我说，费翔要到纽约来，先在我家住几天，等他到了纽约再与费翔会合。我说，没问题，只要他不怕地方小。我住在时报广场附近，只有一房一厅、一个厨房、一个厕所和一个阳台。

过了几天，费翔就来了。喔！费翔真高大，一米九都有。真糟糕，我那张小床，怎么够他睡呢？结果，第二天费妈妈也来了，她说，只是经过纽约几天，也不想住旅馆了，就跟我们挤一下吧。费翔一到纽约，每天都买《纽约时报》，原来他的英文要比中文好许多。他对我不是那么和善，但总是我的客人，他睡卧房，我就睡客厅。过了两天，文正也来了，和费翔就睡我的卧房，我跟费妈妈就睡客厅。晚上我跟费妈妈在客厅聊天，费妈妈非常会算命，有点小名气。但是她帮我们几个朋友算的命，也不见得准确。文正对费翔也真的好，希望能把他带红，让费翔有一席之地。后来费妈妈跟我讲，他们想要到大陆发展。后来终于上了春节晚会，一下子在大陆就红了，还红了好多年。

凭良心讲，费翔内心自视甚高，不是个和颜悦色的人，不像文正这样体谅人，知道大家都有难处。但是文正对他这么好，有什么办法呢？他们住了一阵子之后，文正在曼哈顿十二街买的房子交屋了，文正和费翔就搬过去了。然而，在搬过去之前，我的朋友丹青跑到我家来找我，看见刘文正和费翔在一起，没想到他在一篇文章中写到了这件事，导致文正对我不谅解。其实，这件事谁也没错，丹青也不知道前因后果。

文正我说过，是个非常端庄、高贵，很有原则的人，我也非常怀念他。有一年我回台湾，文正带我和他的一个朋友 Michael 去了一趟泰国。喔！这下子让我大开眼界，我都不知道世界上有这样一个天堂。我们在 Pattaya、Bangkok、Pabong 玩得非常开心，每天都夜夜尽欢。之后的二十五年，我每次回台湾，总会去泰国玩个三五天。我到现在为止，还是有机会就到泰国去。我喜欢泰国的人情世故，他们人很好，个个都带着微笑，可以说是 A Land of Smiles。而且，在泰国可以看到最新式和古老的东西。

文正后来跟我慢慢走远了，他一九九一年结束了飞鹰唱片公司的工作。他最后一次打电话来说他有个朋友叫 Andy Lau，我说，大家见个面吧，可是那天晚上没见到面。有美国的华文媒体说刘文正是房地产大亨，但据我的了解，他并不是什么房地产大亨，他的家境不错，自己本身也很有钱。我相信他是以才艺人士的资格申请到美国绿卡的，目前应该已是公民了。从某个角度来说，刘文正可以说是被整个台湾逼走的。台湾这么小，文正又这么红，所有的眼睛都盯着他，社会规定你什么时候交朋友，什么时候结婚生子。如果他生活在现在的台湾，情况应该会好很多。

文正！我希望你喜乐平安，陈丹青的事我很抱歉，也许有一天，我们会再见面。我开车的时候，你的《三月里的小雨》、你的《兰花草》、你的《童年》、你的《也许》总是在我的车子里响起来，我给你的掌声也会响起来。我们缘来缘去，也许有一天，我们都老了，会再续前缘。

歌手

邓丽君

台上是高不可攀的巨星，台下只是个苦命人。

应该还她感情世界一个公道真相。

最可惜的是纽约无线电城的退休演出没能实现。

二十世纪七十年代、八十年代、九十年代，一直到二十一世纪，华人世界喜欢听歌的或不喜欢听歌的，都不可能没听过邓丽君的名字，她真是个巨星中的巨星。无可否认，邓丽君本身真是个好女孩子。她善良、温柔，不多话不多事，很安静，有委屈也不会向人说，规规矩矩地做人，认认真真地演唱。我因为跟她有一点小小的缘分，所以跟她有些交往。她本身是个很低调、很安静的人，然而，她在台上与台下的表现可说完全是两回事。

我跟她结缘是在八十年代。那时恰逢世界公益金一百年，他们要办一个百年庆祝活动，请我做艺术总监，我们找到了邓丽君。那个时候，她已经是半退出舞台了，也不太做公开的演出，大部分的时间她都住在法国或是日本。因为太出名了，不敢跟华人来往，因为到东到西每个人都盯着她。她每次来纽约，除非另有公事，不然就会来找我；而我去香港，只要她在，我也会去找她。那时候她在日本真的很红，有次她跟我说，太累了，希望以后只做个 recording artist，意思是她将减少在舞台上的演出。所以，我帮她安排的第一个华人进纽约无线电城演出，是她生平最后的战役。我在香港和邓丽君签的无线电城演出合约，当天有一两百家媒体做见证。可惜的是约也签了，中西百人大乐队也请了，无线电城的场地也订了，订金也付了，最后她走了，观众的眼福、她的心愿、我们主办方的努力，最后都付之东流，多可惜呀！

邓丽君真是个好孩子，也是个苦命人。年纪很轻的时候，不到十一二岁，因为家庭环境的关系，就出来唱歌。那时候的训练没有这么好，她唱得也不是很滋润。长大了以后，愈练愈成熟，愈来愈好，她红了，开始被人利用，也有一些男人盯着她，她也默默地承受，因为她自己根本不需要这一套。她不是个爱慕虚荣的人，吃一碗排骨面、一客小笼包，只要同桌的对象好，她就很开心了。我记得有一次她请我们到香港仔吃海鲜，我们无忧无虑地玩得很开心，她却吃得很简单，在小船上，她吃点稀饭。还有，我们点什么她就吃什么，很不挑嘴。

现在听起来像是天方夜谭，不过喜欢她的人不妨想一想，邓丽君生前是否过着很刻苦的日子？她从来没有给自己买过名牌的包包，她也穿名牌的衣服，但都是厂商赞助的。除非是她特别喜欢的设计，她自己是不会去追求名牌的。再说以当年小邓的架势和地位，又有哪一家名牌能越过她的名气呢？她不需要这些，舞台的衣服都是她自己或是专人设计的。再说当年大陆也还没“让一部分人先富起来”，那时候也不是很流行 Armani、

Gucci、Prada、Chanel。她穿的衣服就是以好看、舒服、实用为原则，其实她穿什么都好看。

邓丽君很奇怪，在台下，她人不高，小小的一个人，可是在台上，她一穿上高跟鞋，穿上礼服，就变成一个巨星，变成一个高不可攀的人。

邓丽君生前唯一的糗事发生在一九七八年。当年她因为台湾护照在国际上行走实在太不方便，一个不小心听从了一个不好的意见，弄了一张印尼假护照。她的假护照，从香港转台湾飞日本，本来没想拿出来用的，刚好台湾护照过期了，就暂时想顶一顶过关再说，却被发现用印尼假护照，因而在日本被关了七天，不过不是牢房，只是女拘留所。在拘留中，她还为其他人唱了《千言万语》，保出来后用中南美洲贝里斯的护照飞法国，并开始在法国、日本两地轮流居住。

当时台湾对她是不够好的，舆论也不是很好。那段日子，一沉百踩，基本上邓丽君的名字在台湾是慢慢往下走了，谁知道突然之间小邓在祖国大陆大红特红起来，家家户户每天晚上都是《小城故事》《甜蜜蜜》，那还了得？台湾地区的各种媒体又把邓丽君送回神台。唉！人呀人！就是这样神仙、老虎、狗。小邓那时真是点滴在心头，命呀命！

谈邓丽君，还不能不提到 Angela Mak（麦灵芝）。一年又一年，我看到她们在一起，前后有十二年之久。麦灵芝本身长得不难看，不过，她看起来整个外型像个菲律宾的粗犷男人，根本不像女孩子。麦是个强势的女人，对邓非常好，也非常保护她。我去香港时，不论是去香港仔吃海鲜

和邓丽君在香港。

Hong Kong Cinemart Report

星光

鄧麗君在紐約出現
周龍章充護花使者

已有七年沒在紐約演唱的鄧麗君，應國際公益金邀請，明年九月十二日在「無線電城」演唱一場。負責人周龍章特專程抵港，與她洽商及簽訂演出合約，她倆會見記者時稱，周龍章是鄧麗君在紐約的護花使者。

非常怀念邓丽君。

小粥，还是在五星级的四季大餐厅，只要是邓请客，Angela都在那里打理一切，包括付钱。麦本身也是一个很有来头的人，很有艺术修养的一个才女，人也很深沉低调。她是邵氏公司《连体》这部电影的导演，这部电影的主角是陈玉莲。

邓丽君和麦灵芝在香港赤柱有一栋好大的房子，两人在那里一起住了十二年。我跟麦不是太有缘分，因为我每次碰到邓，总是跟她胡来乱闹，而麦总是在旁边不大开心。有一次，邓丽君和我们在饭桌上聊得愉快，大笑起来，麦就拿着筷子朝她点一点。

邓丽君也交过几个男朋友，也许都让她灰心和失望。唯一的一次订婚是在一九八一年，她与香格里拉集团老板郭鹤年的儿子郭孔丞订婚。香港的豪门是很烦人，自以为是的，规矩又多，后因郭家老祖母要求她退出演艺圈，也要她断绝和圈内好友的来往，让她无法承受压力而退婚。台湾当局，因为邓丽君在大陆受到疯狂热爱的关系，对小邓是特别礼遇。基本上小邓爱台湾，但对台湾不能不说是有某种程度上的失望。还有一点，就是邓丽君看不惯台湾或香港电影圈那种虚无缥缈、钩心斗角，然后暗器伤人、不择手段往上爬的作风。这让她觉得无聊及可笑。因此，一九九〇年后邓基本上定居法国，每隔三两个月也飞日本录录音出张CD，直到她准备在纽约无线电城做正式告退演出，但却在第二年死在泰国。

像邓丽君这么红，亿万的人都崇拜她、爱护她，要听她的歌。结果呢？结果她在泰国的清迈，在一家旅馆里，叫天不应，叫地无门，一个人死掉了。这对人生来说是不是个天大的玩笑？

还有些可怕的事情，一个人要是往生了，我们对他应该要有基本的尊敬和重视。可是邓丽君在清迈过世了，记者知道她已经走了，赶到现场的每个记者只要付五块钱美金，都可以跑到太平间去，把邓丽君头上的白布掀起来拍照。这对邓丽君又是一件多么可怕及不公平的事情？真是一个苦命的女孩子，才四十出头，就这样与世长辞了。

至于有些人或媒体把一个小她十五六岁的什么 Paul（保罗·史帝文）——只帮她拍拍照片的人包装成她的男朋友，或是各式各样的大小明星争先恐后地说，我追过邓丽君，又或是某个大哥大明星夸口说邓丽君追过他，等等，这对往生者都真是莫大的侮辱。她生前就是不声不响、委曲求全的一个人，往生后还要被别人消费、被别人摆布成各种各样其实不是她的形象，情何以堪？

邓丽君死后，麦灵芝等于被世界除名了，整个人就从人间消失了。麦把她们住的房子还给邓家。那栋别墅很值钱的，她什么都不要，就消失了。我相信她现在一定在世界上的某个地方，还在怀念邓丽君。

我也在怀念邓丽君。记得有一次在香港，我和她还有罗大佑一起进一家夜总会，台上有一个菲律宾乐队在表演。他们都认识邓丽君，一看到她

周龙章和邓丽君合影。

眼都直了。没一会儿，除了打鼓的起不了身之外，三个歌手、琴手都从台上走下来，来到我们桌旁唱起《月亮代表我的心》。他们又要邓丽君接着唱，那天她开心，就她唱一句，然后叫罗大佑唱一句，再我唱一句，我们三个人轮流唱起来。一下子，这一切都过去了，是非成败转头空呀！我爱小邓，我爱邓丽君。这样也好，上帝身旁多了一个天使！

导演

李 安

他的世界就是电影及家庭，与世无争，

一个不小心变成国宝中的国宝，

是当今地球村的稀有动物。

有多少人写李安，我也不可能再写出个不一样的李导来。但既然相识了三十年，大家又一直在纽约，就信口胡言随便聊聊我们的国宝吧。

世界上真的是有天使的。当 Ang 在校园里遇到 Jane（李安的妻子林惠嘉）的那一刻，真的是遇到天使了，一辈子的守护神给他遇到了，相护相守，世界上的荣华富贵都是次要，这才是真真实实的人生。Jane 是一个绝顶智慧的女人，李安那么红，但你看 Jane 把他们的家保持得多好，把两个孩子石头和阿猫教养得多好，真不容易呀。李安就是爱电影，成功失败，电影都是他的梦，跟名利没有关系的。年轻的时候他怎么会想到，拍拍电影会变成国宝呢！中国人普遍就是喜欢捧有国际认证的名人，有了奥斯卡这样的国际认证那还了得，所以我们本本分分、忠忠厚厚的李大导就变成国宝中的国宝了。

李安呢，凭良心讲，他内心对我印象是很好的，in a way，我知道他也蛮喜欢我这种性格，是可以实实在在交朋友的那种，而且他也知道我没有杀伤力，这一点我是点滴在心头。我跟他没有太多的合作，因为他有他的工作，我有我的工作。

我跟他认识有三十年了，那时，他拍第一部戏《推手》，大家都知道是小成本，但非常辛苦。第二部戏是《囍宴》，我虽然没有进入剧组，但是我私下跟金素梅有这么一点缘分。她每天拍完戏收了工，没有团队时，不喜欢敷衍那些大老板，就是喜欢跟我们一群小兄弟在一起吃喝玩乐。金素梅在戏里有许多打电话的镜头是需要讲上海话的，所以，我每天教她讲上海话。金素梅是个绝顶聪明的人，但我必须说，她的上海话说得实在不地道。金素梅那时跟我几乎每天见面，她是个酒仙，每天都喝得醉醺醺的，但非常性感，所以跟我在一起最安全。哈哈！这些小事，我们的金委员应该不记得了吧！

我跟李安的交情一直很淡的。他需要我的时候，我是高高兴兴地随传随到，如他交代些什么，我也一定忠忠实实地完成，但我自己是绝不主动找他，反而三不五时找 Jane 聊天、写 E-mail。我也知道忙人中的忙人李安，要找也是不容易找到的，连他的分身李良山也是一个头两个大，忙得不得了。李安本身除了工作，跟其他人多半也是很淡的吧。基本上他是一个非常重家庭又独善其身的君子，那么我们就君子之交淡如水了三十年。

最近谭盾在微博上讲到李安，说他跟李安是老朋友，其实都是 in the right place，in the right time。刚好有这样一个机会，谭盾为他作了《卧虎藏龙》的主题曲，李安那时没有什么预算，所以谭盾是半卖半送的。刚

周龙章当时的好友、李安、金素梅、周龙章。

中为金素梅，右为归亚蕾。

好奥斯卡评奖的时候，Sony Classic 要捧李安，因为他们觉得李安有潜力，就像他们过去捧傅聪、马友友、林昭亮一样。因为要捧李安，所以连带地捧《卧虎藏龙》，甚至连带地让《卧虎藏龙》得了最佳作曲奖、最佳艺术指导奖和最佳摄影奖。其实，《卧虎藏龙》剧中的服装设计跟一般的武侠片电视剧没有什么大的不同？可是，叶锦添就因为得了奥斯卡最佳服装奖而一步登天了。依我看，全世界的奖项都是这么回事，要捧你的时候就捧你。

谭盾的太太跟我说，谭盾替《卧虎藏龙》作曲是没拿什么钱的，谭盾是看李安的面子，大家都是哥们儿帮帮忙。没想到居然蹦出这么大的一个宝。依我看，谭盾的音乐是世界一流的，但在《卧虎藏龙》中的音乐其实很普通，也跟他所有其他的音乐非常不同，可是，该轮到他得奖时，他就是想跑也跑不掉。谭盾可说是人精中的人精，有了奥斯卡的光环，他会不善加利用吗？其他跟他同辈或比他好的中国音乐家都是干着急，没办法。但谭盾是一个知恩图报的人，虽然他跟他的老师周文中在艺术理念上有不同的意见，但他还是奔走各方联络音乐家们替周文中老师做九十大寿。

李安早期的电影都是靠众家兄弟帮忙完成拍摄的，后来他一步一步稳住了脚步，然后拍了《饮食男女》。《饮食男女》的后制都是在纽约做的，那时张艾嘉、归亚蕾都到了纽约。拍戏是很累的，李安有一次在电子邮件中跟我说，他所承受的各种压力，大到出乎一般人的想象。他是个非常注重细节的人，像《色戒》中王力宏要刺死武师的那场戏，就不知 NG 了多少次。你看“大鼻”成龙和“三毛”洪金宝这几年都需要睡硬板床，平常的软床不能睡，就知道拍戏有多累人了。名利没有天上落下来的，都要付出代价的。

李导拍的《绿巨人》和《胡士托风波》都不算太成功，但是很少有人谈这个。但他拍《卧虎藏龙》大发，每个人都捧他，说他是台湾甚至是全华人电影之光。他五十岁的时候，在纽约五粮液餐厅庆祝，一共只有两桌半，居然有我的份儿，我也被邀参加。

李安拍完《断背山》之后，毛片一出来，他的分身李良山就打电话给我，说是李导演要我去看毛片。第二天我又接到李导来电，我在电话中跟他谈了二十多分钟。我说，也许是我的英文不够好，看不懂他电影中有些细腻的地方。但是，我觉得我本身作为一个同志，不太认同他在电影中对同性恋的描述。首先，在酒吧中同志与同志对望的眼神就不是电影中所描述的那样。其二，同志间的生死恋，不是那么简单的，电影中所呈现的基础不过是在山上牧牧羊，发生一次关系而已，严格来说是不够的。当然，除了我之外，李安又综合了其他人给他的意见，重新剪了六次，才把电影完成。

好多人在微博上问我，李安是不是同志？我认识李安三十几年，我想不会吧。他对老婆林惠嘉那么好，两个孩子又那么乖，怎么可能是同志呢？不过，像他这么投入艺术又这么乖巧的人，多少不免让人感到有点娘。

与李安导演在纽约合影。

李安儿子的第一次演出。

李安夫人不折不扣是我的最爱。

《卧虎藏龙》剧本出来的时候，因为整个剧情的发展重心是“剑”，剑是很深的一种兵器，剑有剑道。李安想找三代影后，第一代是郑佩佩，第二代是杨紫琼，第三代是章子怡。他去找佩佩演碧眼狐狸，佩佩就问他：“你认不认识周龙章啊？”李安说：“我当然认识。”佩佩说：“那你快去找周龙章，因为他知道东南亚第一剑在哪里。”佩佩指的是吕国铨老先生，九十多岁了，他那时在华埠太极拳协会当师傅。他当然不知道什么王安李安的，我就跟他解释是怎么回事，老先生就说：“好啊！来啊！我来跟他讲讲剑道是怎么回事。”

我怎么认识吕国铨的呢？因为在邵氏的那段岁月，我拍《女儿国》演齐天大圣，邵氏要吕国铨训练我的武术，所以当年我就每天清晨和吕师傅练棍练武。我把吕老师傅接到我们456办公室，让他一招一式地展练他的剑术、剑神，而李安就请李良山把全部过程拍下来。我们也不过请他去Holiday Inn吃了一顿饭，并送他一盒巧克力作为答谢。那年头钱算什么？不谈不谈！

不幸的是，过了没多久，老先生就过世了。他的尸体还没化妆，只是包在麻布袋里，佩佩刚好有缘分来到纽约，她一向视吕国铨为恩师，我带她到五福殡仪馆去瞻仰遗容，但殡仪馆不让看，说是还没化妆不让看。好说歹说的，殡仪馆终于看在我的面子上破了例，让佩佩和我送了吕师傅最后一程。那时，我打了电话给李安，说是吕老师傅过去了，李导二话不说，就让我替他订了两个花圈，让老先生在华埠身后也有个面子。

李安每一次拍完新片，只要是在纽约看试片，一定会找我，这一点我非常感谢。《色戒》出书及电影上映的时候，他把我的名字和赖声川等摆在一起道谢。说起来我真是何德何能，对于这个我也点滴在心（虽然他把我的英文名字 Alan 给拼错了）。我个人或美华协会最困难的时候，我始终谨守分寸，没去找过李导帮忙。有一次在电话中我跟李导说美国经济差了，美华也比以前更难了，导演在电话中一再要我撑着，北美华人文化不能没有我。好吧！有李导这句话，我就撑着吧。

李安这几年非常操劳，你看，他比我小好几岁，但看得出他老了许多。台湾把李安当个宝，把李安的成就用放大镜放大，同时又对李安的缺点视而不见，这方面有点像是林书豪现象。凭良心讲，只要常看 NBA 的，都应知道我们林少爷实在不是最好的，但林书豪只要十场球中打了一场好球，就一定被台湾的媒体大肆报道——了不起的篮球天才。反之，他若是久投不进或是连连犯错，台湾媒体则多半视若无睹，这也是台湾媒体偏颇的地方。

以前有个谣言传说金素梅和李安如何如何，我认为这是完全无稽的说法，可笑之至！金素梅很漂亮、聪明是事实，风骚入骨也是事实，又很会发嗲，可是，她一向喜欢帅哥，如何家劲、李鸿源等，李安不是她的茶。对女人，我们的李国宝很把持得住呢。这辈子要李导另交女朋友，就好像要李导开部戏请周龙章演，门儿都没有，哈哈！

舞蹈家

林怀民

自己手上就有支笔，

又有整个家族的配合，得天独厚，

也努力了一辈子，看尽天涯，

在台湾是神仙台上的人物。

老林我认识有四十多年了，那时他在纽约，我也在纽约。我们都在玛莎葛兰姆学跳舞，虽然我们上课的方式不同。我是买票上的，每个小时七美金，我每次一买就是十个钟头。后来我因为事情太多，就做了逃兵。我跟他经常在演出的场合碰到，如有一回我们在 Pace Downtown Theatre 表演，我在前半场跳拂尘舞，他在下半场跳他自编的现代舞《庄子试妻》。那时候，我们都是身材很好的帅哥，浑身都是肌肉。而且，我们都喜欢拍有点自恋的裸照。至今，我仍存有他的一套裸照，是他在海滩上拍的。当然，他不只给了我，也给了其他人。

我跟老林可说是君子之交淡如水，非常和平、非常好。我也知道他一路走来的辛酸苦辣、喜怒哀乐。这些年来，他也介绍好多人给我，像朱宗庆。我请朱老师到林肯中心演出，后来又到林肯中心的 Out of Door Festival 演出。还有九天技艺团，也是老林介绍的。老林在台湾是德高望重的一号人物，等于是舞蹈界的教父，但是老林也真的很辛苦。你想，老林

周龙章、纽约市文化局局长、林怀民。

现在是什么年纪了，最少也有七字头了吧，云门大大小小的事还是要靠他拍板决定。

有一次，他带了二十几个团员到布鲁克林区的BAM（Brooklyn Academy of Music）演出一整个晚上，那次周美青也去了。虽然老林本身不用演出，但是他得前前后后照应着。云门一年到头在全世界演出，你以为那么简单啊？到了那边之后，人家只认识一个林怀民啊！大小事情一定要林怀民出面，是不是？团员出国当然高高兴兴，该演出的演出，该练舞的练舞，老林可是千头万绪，什么事都找他。

那一次他在布鲁克林演出，到了半夜一点钟的时候，他打电话给我说他就在我楼下。我说："怎么这么晚了还来找我？"他说："没办法，事情才刚办完。"于是我把他接到我家里。他一进我家就累倒在沙发上，那种憔悴的神情，真是无法形容，仿佛连说话的力气都没有了。这是为什么呢？你想想，他演出完之后还有Reception，而且是每到一个地方就有一个Reception，他得跟一些莫名其妙、自以为是当地的大人物或是自诩为艺术爱好者的人周旋。这些人每个都要跟他拍照、寒暄，然后，他回到旅馆，当天演出的大大小小的事情都要找他。虽然云门舞集有经理和管事，但最终还是要找老林的呀！

几十年来，老林就是这样无怨无悔地付出，但是很多人不高兴老林这么做。为什么呢？因为，他们说台湾的舞蹈界等于被老林一个人霸占了，甚至有人认为台湾艺术界百分之七十五的预算都给了老林一个人用来

林怀民、周龙章合影留念。

供养云门舞集，后来还出来个罗曼菲的云门舞集二。但你要知道，天下是没有白吃的午餐的。老林这几十年在全世界付出多少啊，这是大家都看得到的。再说，台湾这么小的一个地方，能够弄出个林怀民，也是不容易的事。为什么好多团体在台湾就出不来呢？当然是老林有他的一手。这就像是这么多人在拍电影，弄来弄去就是李安一个人是同一个道理。

作家

白先勇

铅华落尽看风尘，百年一出的人物。

对任何人都友善可亲的圣诞老人。

求仁得仁，真正的文学大家。

一个叫人爱戴的长者。

现在白先勇可是神台上的神仙呀！尤其是在台湾更不得了，坐着不需要动，每天就有信徒来朝拜呀！台湾的大师多，但白老师可是货真价实、不花不假、真正的君子。台湾有太多靠劣质媒体炒作出来的伶人、球星、艺术家，可是我们的白先勇老师不是。我们这一代只要是从台湾来的，尤其是同志，大约没有人没看过电影、电视及舞台版的《孽子》吧？先勇老师写这小说的时候应该是三十岁左右，那时也是华人最看低同志的黑暗时代，一个个同志苦呀！被骂屁精，被骂变态，被骂人妖，就像《圣经》里的“犹大”，人人可骂，理所当然人人可打。犹大的罪是出卖了耶稣，我们又做错了什么呢？床第间最私人的人权，又得罪了谁呢？谁又需要谁批准呢？但《孽子》这部文学巨作问世了，白老师的勇气和手上的功力使整个台湾的 gay culture（同志文化）展开了划时代的一页。

先勇家世好、人好、层次高，永远平易近人，永远笑眯眯、和和气气的。他身份地位那么高，但绝没有大头病，这方面我觉得先勇很像马友友，跟任何人相处都能使人如沐春风，让人舒服极了。十几年前（二〇〇一年）纽约的华美协进社和我们的美华艺术协会联合主办了一场白先勇纽约哥大行的演讲，白老师在台上风采逼人，活生生一个玉树临风的贾宝玉，迷倒了在场五百多位海峡两岸的青年学子。当晚的庆功宴上，白老师和我英雄识英雄，我们都立志要做一个正派的同志，共同的兴趣是我们都深爱中华戏剧，不需要嫁给戏剧，但是一辈子献身奉献。

没多久，先勇就进军昆剧“青春版《牡丹亭》”了，真是来势汹汹。以白老师的人际宣传功力，南征北战，光全美各大学就有超过了两百五十场的演出纪录，三两下就造就了俞玖林、沈丰英两颗当今的昆剧明星。白老师你好嘢！一个小小的沈丰英，经过白教授的打造及全国最优秀的昆剧老师们的调教，不折不扣地已是另一个张继青、另一个梁谷音、另一个华文漪了。只是小沈老师比他们更年轻，扮相更青衣，嗓音更水亮，这又是白老师的功德一件，更是小沈老师的福气和跟白老师的缘分。

记得我们一组人特地从纽约飞到洛杉矶观看演出，当晚演出圆满谢幕后，白老师好High，高兴得不得了，抓住我的手，说是他的又一个梦想实现了。集文学、音乐、舞蹈、戏剧、美术于一体的昆剧是他的最爱，当然每一场演出不可能尽善尽美，但是先勇和整个团队总在不停地进步。你想以白老师坐七望八的这把年纪，不是为爱昆剧爱中华剧艺，难道他还想求名求利吗？但是白先勇老师和李安导演的形象太高大，也就会造成一个现象：任何东西到他们手中都会“私有化”。《牡丹亭》是汤显祖四百年前的作品，又是一出骨子老戏，演出不下百年，何止数千场？怎么到我们这一代就变成白先勇的《牡丹亭》了呢？大概这也是包装的需要，容易行销吧！其他的一切都不重要。幸好他们二位都不演戏，不然的话其他的人可怎么活呀！

和老林、李导一样，我和先勇的互动也是君子之交淡如水，要我的时候我随传随到，不需要我的时候大家放在心里，绝不互相打扰。打从心里我是非常崇拜先勇这样的君子，现在这样的人已经很少了。看他的身子骨是这么的健健康康，大约活一百岁不成问题吧。先勇，我爱你，多通电邮报平安，不要忘了我喔！

白先勇与周龙章在纽约合影。

木偶戏表演家

李天禄

可爱可敬好玩的一个小老头，

因为时代对了，一个不小心，

也变成了台湾的一个大师。

对阿公来讲，

侯孝贤是造星者第一功臣。

华人都喜欢被国际认证，任何东西一旦在国外得了个好评或者分到一个什么奖，那可不得了，至少可以在行内好好地吃上几年。李天禄，大家都叫他阿公，我也叫他阿公。他人又矮又小，实在不是一个很起眼的人物，但是，他为人极其幽默，好玩，实实在在，事实上他是一个可爱又可敬的民俗艺术家，也是一个苦出身的艺人。

李天禄也是凭着天时地利人和而蹿红起来的。当然，他的成功多半要感谢导演侯孝贤。那几年侯导本人在台湾也特红，又在威尼斯影展上得了大奖。没有侯孝贤的《戏梦人生》等几部电影和国际奖项，李老师怎么可能被认为是台湾的大师呢？因为他是台湾本地人，所以有许多人推举我们美华给他一个终身艺术成就奖。为了郑重其事，收集好了资料影带，我就亲自到台湾造访他，跟他谈领奖及来纽约演出的事。一般而言，一个木偶戏大师是不大容易来纽约领奖的。然而，为了他，我等于是做了一次破格的决定，但这个决定在某一层意义上也更加肯定了美华艺术协会这个金奖

北美学园民歌歌王周兴立与李天禄及周龙章。

与阿公李天禄合影，李天禄送周龙章一套布袋戏偶。

李天禄大师与叶青餐叙合影。

的全面性价值。

我去拜访李天禄的那天，是老先生最火最红的时候，哇！一共有五六个记者跟着我一起去。李天禄已经在家里等我，李老师一开门摄影机就拍拍拍，此起彼落，弄得我都有点飘飘然了。这情形只有当年我去请顾正秋来纽约的时候有过一次。李天禄说，他有个法国学生在纽约，所以纽约他不是第一次去，前几次去看他学生并指导演出。我说，那个法国女人我也认识，而且她和我平常都是个京剧迷，也非常喜欢唱。

没想到，李天禄这个小老头居然用一口台湾国语说："我也束（是）喔！"为了证明他所言是真，当着一群记者的面，他当场就跟我合唱《萧何月下追韩信》。我以前请过多少戏剧艺人，但与领奖者第一次接触就对戏，这还是头一遭。所以，不只是我，连在场的许多人都看傻了。我们俩指手画脚、连唱带做地唱了一大段，他虽然没有京片子，但唱得还不错，有板有眼，说明他是真的喜欢这个东西。这次的合唱也是我人生中一次非常难忘的经历。李老师本人"真"，也可爱极了，不亢不卑、不温不火、风轻云淡、坦坦荡荡。听李大师讲话或表现一件事，他的手势及身体语言自有一种魅力，别人要学也学不上来，是天生的。

李天禄是在台湾赵明普教授的陪同下到纽约的。领奖的晚上，他当着纽约文化局局长的面用了两个木偶表演了一段。他的出现、他的形象、他的可亲可爱，被许多人肯定着、热爱着。

赵明普教授也是个怪老头，是个热心分子，专长于中国文化的论述，尤其是戏剧方面。过去二三十年来，他曾三次陪同台湾的艺人来纽约领奖，也曾推荐一些大陆地方戏的杰出艺人给我。有事没事，他总是会三不五时主动跟我联系，探询我的近况。

李天禄领完奖后从纽约返台北，到了机场，不得了了，所有的空姐和空少一看到他，就簇拥着他不住地叫“阿公”，还帮他升到头等舱。由此一端，就可看出他平素做人的成功了。

临走阿公还特地送给我两只他珍藏多年的木偶作为纪念，至今我仍珍若拱璧。后来有一次我回台湾，他要在海霸王请我吃饭，并特地请侯孝贤导演作陪，可惜因为一些原因我没去成，一直让我引以为憾。

当然一切都要过去，会过去的，李老师一生没有白活，留下这么多的怀念。一个各方面都普通的老头，就因为生对时间，变成了一个最不普通的长者，在天空留下了一道七色的彩虹。李老师，我想你呀。

剧场导演

赖声川

有才有能，可以上国际舞台的人才。

如果对某些事情再少一点回应，会更好。

赖声川老师我是二十几年前认识的，他的人品、学识、仪态都是我的偶像。那时候，胡茵梦还在纽约上表演学校，胡是丁乃竺的闺密，她们同是密宗佛教的信徒，所以胡就与赖声川、丁乃竺等一共四个人到我的办公室见我。丁乃竺说明来意，是要我能够引进《那一夜，我们说相声》及《暗恋桃花源》两部戏来纽约，让表演工作坊能够踏上国际舞台。

要知道，二十世纪八十年代那时候还没有"文建会"，要引进华人表演团体到纽约来，主要是靠美华艺术协会这种机构来运作。如朱宗庆的打击乐团，在林怀民介绍给我之后，就是我把他推荐给林肯中心演出的。当然，演出团体本身要有实力，因为我们美华是不赚你们钱的，你们要负责自己的开销。基本上，美华会出具一份邀请函，安排剧场、宣传、票务、接送，受邀的团体可以凭这份邀请函在台湾募款，首先就是向"文建会"申请经费。

表演工作坊来了纽约之后，当然屏风表演班的李国修也打电话来了，说是他有个戏叫《救国株式会社》，演出人员只有六个，很适合在纽约演出。这就像徐露到了纽约之后，魏海敏自然也想更上一层楼，又说杨丽花大姐到了纽约，我们叶青妹妹当然电话也就到了，都想踏上纽约这个国际舞台出人头地。

有一个时期，台湾当局在洛克菲勒中心附近花了好多钱弄了一个“台北剧场”，整个剧场只有两百多个位子，经常派出几十个人的团体来演出。但是，即便是只有两百多个位子，许多表演还是要靠送票才能满座。因为经费支出太大，所以，搞了没多久，剧场就关掉了。那时，当局派驻纽约的代表王晓祥就来找我，要我负责当地的节目。因为，台湾当局是不可能一年三百六十五天都派团来表演的，所以我每一年平均在“台北剧场”安排八档节目，什么李宝春啦、魏海敏啦、红虹啦、王海波啦，都是美华安排的，每人演出一星期。

我觉得赖声川这个人不管真的假的，总是很低调、很有礼貌，也很有学问，层次也高，我请他做了几个演说示范，他一口流利的英文，真是没话讲，一点也不输给 ABC 王力宏。还有，就是他为人很谦虚，本来我跟他讲好要他来纽约领奖的，他也很乐意，但后来他有事忙，就没再谈下去。

二〇一一年，谭盾打电话给我，说是这事要我保密的。谭盾我爱他，他的电话一到绝对有好事，原来他又有新点子，说是要跟台湾某一个导演合作在百老汇推出一出音乐歌舞剧，叫《李小龙的故事》（*The Story of Bruce Lee*）。后来，我们在一起开会，剧本也出来了，到现场一看，原来这位导演就是赖声川老师。

《李小龙的故事》要是做成的话，那可是华人第一次在百老汇制作歌舞剧，是件了不起的事情。谭盾找我参加赖声川的团队，主要是要我找几个可以演李小龙这个主角的人和旁边翻跟斗出出进进的大小武生，这类人物我可有的是，没多久我就把纽约现今最好的武生李庆凤、宋小君全给找了去，当场表演功夫给赖声川和制作团队看。这些人才一亮相，就把他们全给镇住了。在纽约，现在有一大批中国的武生、武旦。这些人一身功夫，但多半不红，在大陆人才太多没机会，所以跑来纽约，平常就是打工、做按摩、为人剪指甲等。有机会上百老汇演出，他们会不极力争取吗？

我就住在百老汇，跟百老汇也有点渊源。百老汇是个很复杂的社会，商机无限，几十年间就一直被犹太人和黑道控制。一年有六十个音乐剧在百老汇上演，而筹备中的歌舞剧更是远超过此数。筹备中的戏，能上演就算运气好的了，如能持续上演，那更是十不得一。我希望《李小龙的故事》真能够上演成功，那我也与有荣焉。

但是，看起来倒也不是那么容易的一件事。哲伦的 *Kung Fu* 一剧就是在外百老汇上演的，是英文话剧版，也以李小龙的故事为本，上演以来反应中上，所以更增加了歌舞剧版本集资的难度，多数是不了了之了吧！

赖声川是专业的、科班的，人也深沉，大小有是非的事都丢给丁乃竺，赖夫人也来者不拒，心甘情愿为夫君打前锋，他们是绝配。

赖声川造访456画廊。

舞台剧表演艺术家

李国修

自身的努力，

上进、辛苦、经营，

再加上媒体的配合、市场的需要，成为台湾剧场天王。

国修，一个戏痴，一个好人，一个为舞台生为舞台死的人。

国修的屏风表演班，二十世纪八十年代在我们美华艺协的安排下来过纽约三次，跟我客客气气，都是工作上的互动，私下没什么来往。一次是来领奖，那次我特地给他开了一个记者会，他可乐了，穿上了迷彩衣，头上还染了多种颜色，吹了一个青年人跳街舞的发型，一副已得天下的样子。另外两次是他与他的妻子王月带着屏风表演班来纽约演出《爱国株式会社》等戏。和赖声川的表演工作坊一样，屏风来纽约演出我们也只负责行政、戏院子、接待、公关和票房。八十年代国修这一类的剧团来美国镀金，多数是我们美华艺术协会一把抓。

那年代中国台湾有的是钱，干文艺工作的争先恐后要来美国演出，尤其是到纽约这块宝地，但观众百分之九十九是华人。其实国修的观众都以台湾来的新移民为主，大陆的观众也不多。两岸的文化层次不同，就算有大陆来的观众，他们也不会明白国修的东西为什么会在宝岛那么火，人家那边有北京艺人，演员往台上一站，个个是科班出身。演出的全部费用都由屏风他们自行负责，但所有的门票收入也全归他们，我们美华是分文不取。坦白说，票房卖得并不理想，大陆观众是不会吃他这一套的，但表坊的票房要比屏风卖得好些。主要也都是靠送票，能把场子坐满，你高兴我高兴，大面上亮得过去，出品转内销，回台湾有面子，那就都要看主办单位的功力了，我们一向操作得好，所以人人都来找我们。

一九九四年国修得奖的晚上，卢燕也得了终身艺术成就奖。那天晚上有两个演出：一个是李国修自己表演，占了半个钟头，他演了六个角色；另外就是筱翠花的传人秦雪玲、资深言派老生贾凤西演出的《乌龙院杀惜》。秦老师是梅葆玖推荐给我认识的，戏可真好，在台上秦老师可太会来事啦！秦雪玲老师的《坐楼杀惜》可真是与众不同，她扮相漂亮，嗓子又好，水亮水亮的，本人矮矮小小、普普通通，一上了装就光芒四射。她踩着六寸的硬跷，一步一步逼着宋江写休书，真是一绝。

国修长得当然不英俊，个头和我差不多高，但他要强，不服气，表演欲很强，也相当有才华。他的太太王月，对他是崇拜得不得了。我相信他带几十个人到纽约来演出，在账面上一定要亏许多，也不知道他怎么张罗过来的。以此，可以看出他输人不输阵的性格，他就是要跟表演工作坊争一口气，要跟赖大师比风头。国修成了一代宗师，他来纽约领奖及演出，在他的舞台生涯之中当然是件大事。的确，在历届一百多个得奖者之中，能编、能导、兼之能演的也就数他一个。国修也是苦出身，人品好，性格也忠厚。是非成败转头空，国修也走了，头儿没了，班子迟早会散的，慢慢地观众也忘了，都是曾经有过的镜花水月。对于国修，我是怀念他的。国修一路走好！

李国修来纽约领奖时合影留念。

作家

龙应台

她这种人很洒脱，

像我这个不给她找麻烦，

没有杀伤力的，

又是个老同志，

很容易跟她交朋友。

我们这个年代，只要喜欢点文学、看看书的，有谁没有看过《野火集》呢？

认识龙应台是在香港。她在香港教书，我到香港度假，香港的酒店太贵了，想省点钱，也就大佑收留我，住在罗大少家里。有天大佑的太太依琳告诉我说，今天晚上龙应台要来。龙应台那时正因为《大江大海一九四九》声名大噪最红的时候，我就说好好好。

那天我跟朋友在尖沙咀玩，故意晚一点回大佑家，这么大一个名人在家，我还是识相一点好。在有大学问人的面前，我是永远自卑及后悔“书到用时方恨少”。我想等他们的局散了再回去，就和朋友混，拖到九十点钟，我想他们应该吃完饭了，才回大佑家。一开门发现他们还在聊天，说是在等我。很高兴认识了龙应台妹妹，那天晚上我们还在大佑的小后花园唱唱歌、聊聊天，天南地北的。我和依琳两个在旁边做乖宝宝，不多出声、做听众，一个晚上下来，真在两人面前学到不少东西，比听龙应台的课、听大佑的座谈会更受益呢！大家相处得很好。我觉得龙应台这个人真漂亮，还很有女人味，说话的声音也好听，暖暖的，很善解人意。总之，我们第一次见面互相印象很不错。我不学无术，当然不在她那个层次上，但真心地叫一句“我爱龙应台”。

来年纽约《世界日报》请龙应台到林肯中心做个演讲，她居然给了我一封电子邮件，说她想跟我见面，要我陪她，还说她一定要去盘丝洞。龙应台本身是可以炒作的，那几天《世界日报》在炒作她，每天都是她的消息，她的读者都在找她。她到的那天，我就到她的旅馆找她。她说她刚下机，头昏脑涨的，不能吃饭，只能饮汤，所以我们两个就到山王餐厅去饮汤。山王的汤老板看到她，像是见着什么名人一般欢迎得不得了。那天天很冷，下着小雪，但我们谈得很好。

后来我搀着她的手回旅馆，她说：“明天、后天，能不能跟我看一场百老汇的秀？”那正中我的下怀。以后的两天，我每天接她送她。纽约《世界日报》替她安排了一些活动，完了之后说是要送她。她说：“不必了，周龙章会送我。”这下子，我的地位好像被抬高了不少。可是，她第二天没有去看百老汇的秀，因为要准备讲演及有严重的时差，我就跟我秘书两人把这个票子用掉了。她说要把钱还给我，那怎么可能呢？于是她说，她要跟我相约在香港请我吃饭。结果，我还没有机会去香港，她就成了台湾文化主管部门的部长了。

上任之前，我给了她一封电邮恭喜她，但问她为什么会接这份工作

周龙章和龙应台于罗大佑香港家中合影。

周龙章、龙应台、罗大佑三人合影。

龙应台赴美，与夏志清（中）、周龙章合影。

呢？她说马英九找了她好几次，她推不掉，也有心在还有精力及能力的时候，为台湾宝岛做一点事。当年这个部长的工作可不好接的，每天有的没的都有可能被骂，我想，这个龙部长，现在身价非凡，如果她不来找我，我也不必去找她了。如果我去找她，要是她不理我，那就有意思也变得没意思了！谁想到，她居然自己来找我，一看到我，先就给了我一拳，表示她当我是自己人，心里愿意跟我做朋友。后来，台湾当局驻纽约经济文化办事处请纽约台美的几个艺术家吃饭，也特别请她再做一场演讲。那天晚上，夏志清、杨炽宏、李小镜、陈张莉等都到了。她居然指着我说："周龙章，起来跟我们讲几句话。"像她这种人很洒脱，像我这个不给她找麻烦，没有杀伤力的，又是个老同志，很容易跟她交朋友。

她当上部长之后，有一次她想到纽约来参观下曼哈顿文化协会。龙"太后"是想多深入了解美国民主制度下非营利的文艺团体是如何运作的，也是有这份心把"部长"这个角色做好。

台湾当局驻纽约办事处就打电话给我，要我代为安排。我跟下曼哈顿文化协会有几十年的交情，而且我还是他们的董事，当然我就替她做了安排。事实上，下曼哈顿文化协会是代表白人的，纽约另有个西班牙文化协会是代表西班牙人的，哈林文化协会是代表黑人的，然后还有美华艺术协会代表亚裔，还有布鲁克林文化协会。我没有那么了不起，一口破英文，怎么跟那许多博士硕士相比？主要一是因为我不是个麻烦制造者，二来美国什么组织都要讲究有多族裔的参与。这么多年来，我就是尽量把应该做的事做好，做得无错可挑，从不发表什么伟论，或做出什么抗争，所以大家都说："Let's keep Alan Chow."因为我不兴风作浪，来来回回都是社区里的一点破事，没什么了不起，又不是救国救民。

但龙应台不同，她是部长，每天有多少双眼睛盯着她、反对她、不高兴她的，她动一动就是错，也真是难。我觉得龙应台最好还是回学校教书，把一身的本事、一辈子的学问见识尽量传下去给下一代，或者就是写书。像她这样的人，不写书才叫真浪费呢！好在现在她已经功德圆满，下台一鞠躬了。人海里曾经有过一点点接触的小缘分，我珍惜保存在心里，龙应台保重！加油！随缘再见！

歌手

罗大佑

好人，也是怪人。

他对朋友都好，很有礼貌，

但也容易吵架骂人。

他也是真正“有料”之人。

最近他的作品少了，

但是只要一出手还是天下无敌。

罗大佑属马，二〇一四年本命年，刚好一甲子，也六十出头了。大佑是我好多年的好友。他真是个好人，但也是个怪人，他对朋友都好，很有礼貌，但一个不对劲，他就会翻脸。他不怕得罪人，也谁都敢得罪，主要的原因是他正直，有理走遍天下，又大概因为他年轻的时候红得太容易了，从年轻就被宠着，大家都围着他转。

当然，他是真有才华的，广东话说是大大“有料”之人。他年轻的时候写了《童年》《心肝宝贝》《海上花》《皇后大道东》《东方之珠》，太多太多好听的歌曲。最近的十年，他的作品少了，但是只要一出手，还是天下无敌。

这几年以他这种脾气在大陆上混，也真委屈他，但什么都是假的，赚钱才是真的。有宝岛“台湾”两个大字顶着他，一线城市唱完，再唱二三线城市，选秀节目排着队请他，只要他点头。也是天赐给他这么好的时机赚钱，赚饱了再说。二〇一四年倦鸟回巢，他和太太女儿回到台湾，这一个育他、捧他、知他、识他的故乡，外面再大再好，这里才是大佑安身立命的地方。罗大佑的时代经过了八〇年代、九〇年代，直到新世纪，也应该够了，但是他还是精力才华过人，也后无来者。

他最红的时候到纽约来，那时候是二十世纪八十年代，我们认识，相处得不错，就成了好朋友。后来我跟他成立了纽约音乐工场，想出唱片、捧新人、办演唱会，让他在纽约又大红一次。我们办的第一个演唱会，是在林肯中心年度户外艺术节上，叫“爱心来自中国城”，主唱当然就是罗大佑。他的乐队都是在纽约靠他自己一手组成的，每一个吉他手、鼓手也都是他自己训练出来的。那次的成功可以说是空前的，林肯中心的广场上一共来了五六千个观众，这在海外的华人世界可是一件盛事。不过，我们开了演唱会之后，音乐工场也没有什么大的动向、大的作为，大佑又准备进军大陆。纽约好、纽约大，但大佑总是一个华语歌手，渐渐地，聪明人如罗大佑，就有了下一阶段的人生规划，全心全意投向大陆的怀抱。

在我们的时代，罗大佑真是天才，且是极少有的天才。在台湾红了后，很容易红到大陆去。那时候，大陆没有这种歌曲，大佑的歌是被听众大力宣传的。一首《童年》，刘文正唱，张艾嘉也唱，怎能不红呢？但罗大佑的音乐工场没有捧出什么红人，不像刘文正的飞鹰唱片公司还捧出了方文琳、伊能静、裘海正几个人。罗大佑很奇怪，在香港时非常欣赏一个歌手叫袁凤瑛，他让我听了好多她的带子。这个袁凤瑛唱歌唱得很好，没想到出了几张专辑之后，就去信佛吃素，关门谢客不理俗事了。这也是个怪事。

大佑从小就很会交女朋友，他的女朋友都是一流的女人。除了学生时代不算，最早是小妹张艾嘉，他们相处很多年，然后是Amanda，都是非常漂亮一流的女人。再来是李烈，虽然个子小一点，但明慧漂亮，她现在是全台湾最红的女性制作人，拍了这么多、这么好的电影。所以，罗大佑可以说在情史上有个辉煌的纪录。罗大佑跟李烈同居了十年，结婚才一年就离婚了，离婚的主要原因是李烈不高兴大佑的助理李依琳住在家里。

李烈我喜欢，人实实在在，跟她一起工作的朋友伙伴一定很舒服。她和大佑的那段日子很用功，三天两头我和大佑玩完回家，她还在写剧本。李烈曾接受电视节目访问，说她从不跟大佑吵架，这倒不见得，光我一人便听过他们大大小小地吵过不知多少次。当然，大佑也跟依琳吵过。当年大佑可是个脾气不好的人，否则他与李烈在纽约注册结婚的时候，我怎么会是唯一的宾客和见证人呢？照理说，他在美国的哥哥和姐姐也应该受邀才对啊。最近他跟一些人都搞得不对盘了，我相信大佑一定没什么错，就是有时脾气不好，真要斗坏，大佑这种忠厚死脾气的老好人，怎么可能斗得过人家。

李依琳对大佑非常好，简直到了百依百顺的程度，她对罗大佑有一种崇拜的心理。大佑这种鬼才是值得人家崇拜的。大佑的所有事情，依琳都安排来安排去，跟着大佑好多年。去年春天的时候，传来他们人工受孕要生孩子的消息，我就打电话给依琳，恭喜她苦尽甘来，守得云开见月明。

罗大佑于纽约领奖，中为NEA纽约代表John Wessel，右为严兰静。

周龙章与罗大佑在纽约。

周龙章与李烈摄于纽约时报广场。

我相信，将来她一定会跟大佑继续好下去，天长地久，百年好合。我爱大佑，也爱依琳，我更为她高兴，多少年哟，一心一意地守着，真不容易。

如今大佑已近耳顺之年，去年他来纽约，半夜两点钟，我俩聊天，他还不舍得走，真是难得的好朋友。相信他的脾气一定比以前好多了。应该的！这么多年的风风雨雨，什么没见过。前年他来赌城开唱，午夜开场，我领了一群小兄弟去捧场，台下还是人山人海。我们的音乐教父一出场，几万个观众一起叫“罗大佑！罗大佑”，在纽约这块宝地，可也不是每个艺人都做得到的。还记得当晚听众个个乐得连赌场也不愿意回去了，演唱会结束后，大堆大堆的观众要求签名拍照，一签就超过两小时，还意犹未尽不肯散去。所以说有才走天下，六十岁的人了，多不容易呀！老天爷对他多好呀！惜福、惜福。

京剧表演艺术家

顾正秋

铁嗓金喉，唱出顾派顾腔。

靠那副金嗓走遍天下，

她是什么戏都唱，

并且可以唱角色而不演人物，

而戏迷们也就是爱听。

顾阿姨是影响我一生的人。我这么爱京剧，为京剧奉献一生，就是因为我在两岁的时候，我家里的人就抱着我去看顾阿姨的戏。我妈妈那时还没死，我在妈妈的怀里，能够安安静静地看戏，而且跟着台上的唱腔扭啊扭啊的。所以，我从小就跟顾阿姨有点渊源。

几十年之后，我想请顾正秋及张君秋到纽约去同台领奖，就专程到台湾来拜会顾阿姨，《中国时报》的艺文记者汤碧云和石静文陪着我去顾阿姨家。那时顾正秋虽然已经退下来了，但还是维持了当年上海梨园的那一套规矩。她看到我，请我坐下来，先送上水果，然后说："周先生，您好！"我说，我们家都是她的戏迷，包括我祖父周邦俊、我父亲周文同等。她说："记得，记得。"其实，我心里明白她只是说客套话，当不得真的。当年她那么红，戏迷那么多，又一星期唱六天，周末还有日夜场，逢年过节当然更有劳军场，阿猫阿狗小观众她全记得的话，就变成神仙了。

她红的时候台湾还没有电脑，没有手机，电影院也不多，K 歌更是听也没听过，大众娱乐事业不多，所以大部分的人下了班只好到戏院里去听戏。拜天时地利之赐，她就成了唯一的大角。讲到真的艺术的话，顾阿姨最好的就是一副金嗓子。由于她的金嗓子，唱京剧《苏三起解》就唱出所谓的顾派顾腔。可也因为她能唱出顾派顾腔，所以她唱王宝钏也是唱个顾正秋，唱程雪娥也是唱个顾正秋，唱个《大登殿》也是顾正秋，唱个《贵妃醉酒》还是顾正秋。靠那副金嗓走遍天下，她是什么戏都唱的，并且可以唱角色而不演人物，而戏迷们也就是爱听。现在的戏剧演员能唱个十出就了不起了，哪像顾阿姨三百六十五天唱足三百六十天。

我逃到了香港以后，还是一直听顾阿姨的戏，因为两岸还没有开放。后来到了纽约，我做了美华艺术协会的负责人，就一直有个愿望，要请她到纽约领奖。顾阿姨那时有“文建会”全额赞助，所以机票什么的都不需要我去筹备。可是，她是个很仔细的人，一月份要领奖，前一年的九月她就派她儿子来纽约勘察场地。我为了证明我们过去的成绩，就把前一年梅葆玖得奖的所有记录和报道集中成一本册子，交给她的儿子带回台湾。没想到，这本珍贵的册子就一去不回了，我也不敢向她要。

顾正秋在上海戏曲学校的时候有个男同学叫黄正勤，当年还追过顾正秋的。你说世事就有这么巧，黄正勤现在就住在华盛顿，而且还担任我们美华艺术协会的中文秘书多年。要不是当年大陆解放，带团到台湾唱戏的顾正秋滞留下来，今天的局面又会是什么样子？唉！人生的悲欢离合，又有谁能预料呢？

顾阿姨自认她只是个人生的过客，很多人与事她是不会再去费心过问了。我想，我这一生是无法再见到她了，在此遥祝她身体健康，万事如意！

在顾正秋家里邀请她至纽约领奖。

周龙章一手促成了双秋会。

京剧表演艺术家

徐　露

台湾唯一本土培养出来的京剧明星。

一身的国剧细胞，

唱念做打舞无一不精，

本土的唯一一个真正京剧大角。

有一次我在上海，徐露打电话给我，我说我在上海，她说："好嘛，我为你祷告。"这很难得吧。所以，我跟徐姐的感情，和跟魏海敏、郭小庄是不一样的。她年纪跟我们没有差多少，不晓得为什么，她就是有这种魅力，号召一些人跟她信教。

她平易近人，不是女强人那种凶巴巴的。有些人强势得不得了，开口就要压倒你，徐姐没有。我就说徐露真，她就是平易近人、行云流水。她不但平易近人，而且能够 involve 你的感情，所以，我真的是特别喜欢徐姐。但是，我来台湾，她有时一个星期内要找我三次，这也太多了，每次都要跟随她感谢主，她不给你机会反驳的。

徐露可以说是台湾本土训练出来的顶尖人物，而且，文武昆乱不挡。她的那些老师凋零之后，就再也出不来第二个徐露了。像徐姐这样成名的演员，天分只占百分之三十，其他都是靠她自己的努力。其实，当年大鹏剧校就主要是为她成立的。王叔铭、齐如山（梅兰芳的老师）看中了她，为她找

徐露与周龙章，摄于纽约。

王晓祥、徐露、周龙章。

了一些好老师。大鹏第一期就她一个学生，其他都是一期一期后面的。

我算是个社会活动家，几十年来办了很多大大小小的公益活动、演出及艺术展览，也结识了各界不同阶级的人士，但活动结束后人家要跟我交朋友，继续来往，第一就是不能讨厌同性恋。但徐姐不行，她不赞成同志行为，她说《圣经》不许同性恋，上帝不许男男在一起恋爱，会下火湖。但既然如此，上帝为什么又创造了我们呢？她不回答我，她说只要信不可怀疑，徐姐也没答案。她说她为我祷告，求主原谅我。她还是很喜欢我，虽没大我几岁，当我好像儿子一样，会担心我的冷暖起居。后来完全不再提同志的话题，在世界各地传道，有时也会打个电话来纽约，问我还有没有做上帝不喜欢的事。

我们小的时候都是看徐露的表演，到香港时也是看她的录影带，我可以说是非常崇拜徐姐的。她的嗓子就是好听，甜美又宽，可以说是台湾训练出来最好听的一副嗓子，铁嗓金喉得不得了。顾正秋也是有副好嗓子，天生有个好嗓子，不是吊吊嗓子就吊得出来的。她们都可说是 in the right place ， in the right time。

徐姐也唱《昭君怨》中的王昭君、《贵妃醉酒》中的杨贵妃，还有虞姬、梁红玉、洛神、西施等，四大美人都给她唱齐了。徐姐的戏当然不止这些，她至少会唱几百出。那时候，台湾就一个徐姐，无论是比赛还是出国都是徐露。一直到徐露慢慢退下来了，严兰静等人才浮上台面。

不过，台湾的国剧团全世界跑一趟的，也只有《白蛇传》一出。徐露说起来也是占尽天时地利，因为她正红的时候大陆正在“文革”，把传统的剧曲都给抹杀了。就是八个样板戏，好是真好，剧本、唱腔、音乐、人物、造型都好，灯、服、道、效、化，无一不美。可惜懂的人不捧，观众也没得看了。但样板戏也有缺点，每一个人物出来都是硬邦邦的，那种表现中国古典女性之美的东西，他们没有。

徐露的昆曲是苏盛轼、徐炎之、白玉薇、吕宝棻（王瑶卿的学生）教的。她是三千宠爱于一身，王叔铭将军喜欢啊！她十一岁就会唱《起解》。戏曲这种东西太难了，这么多北京、上海的人请我去唱戏，我可从来不敢去献丑，站在舞台上一秒钟就露馅了。我的玩意儿是票友，喜欢吹吹牛，玩嘛！

徐露从来没说她要改良京戏，不像兴国、秀伟拿改良京剧当口号。他们经得起考验吗？除了他们自娱自乐，媒体哄一下，还有别人跟着唱吗？一出《苏三起解》，唱了两百年了，还是会唱下去。大陆新编了一出《赤壁》，有许多名角参演，但是不行就是不行。京剧不像是唱两首歌那般简单，有的制作单位好像把观众当傻子。徐姐红的时候，她规规矩矩地唱，所有的人都看着她。她要唱杜丽娘、王昭君、杨贵妃、秦良玉、虞姬，每年要排许多新戏，四十八岁从纽约回来就退休了。因为她信主耶稣，要全心侍奉主，过教会的生活。拖得像童老师七十多岁还在演《金玉奴》，又有什么意义呢？

徐姐因为她女儿那时候在纽约，她几乎每年都要来，我都心甘情愿地陪她。她那时候住曼哈顿第八街，离我办公室很近。徐姐在家里是一把抓，女儿买房子等事都由她张罗。她儿子有小孩，她有了孙女，还送到纽约来参加夏令营。她对我就像卢燕一样，跟我真是亲，我是感恩的，阿门！

京剧表演艺术家

魏海敏

扮相好，又有戏缘，

前后拜童芷苓、梅葆玖为师，

加上自己的经营、用心、努力，

立志要做台湾京剧的守门神。

魏海敏可说是台湾中生代京剧演员中的佼佼者，现在是国光剧团的首席，团长钟宝善的最爱，台湾京剧当今第一人。而美华艺术协会，可说是第一个把她引荐到国际舞台的。

也是有缘，二十世纪八十年代早就听说台湾有个迅速蹿红的京戏演员，火候也许还不及当年的徐露，但为人低调，上进心也很强，立志要做台湾京剧的守门神，要让京剧在宝岛再创高峰。于是，我就请了她来，在纽约的 Triplex Theatre（小林肯中心）请她演出《三堂会审》。那次她才带了九个人来，其中当时台湾的第一小生刘玉麟演王金龙，其他的角色，都是我在纽约为她凑齐的。

一连演了三天，场场满座，获得了当地侨胞及票友的赞扬。在纽约，京剧票友可是藏龙卧虎，懂戏的老爷子特多，可不是这么容易伺候的，一群怪物！京剧成也票友败也票友，唬几个洋人捧捧场拍张照容易，真要懂戏或者自以为懂戏者点头，那可不容易。魏海敏被认可，主要还是因为她扮相漂亮又有戏缘，所以这一仗大家都打得很辛苦，我们主办单位也不容易，但是打得非常漂亮，魏海敏得胜回朝。

一九九一年“文建会”有心要在海外宣传它的软实力，在纽约中城钻石地带但非艺术社区洛克菲勒中心开了一个“台北剧场”。刚成立的五年，请我当艺术顾问及策划人，我第一个戏就想到魏海敏，这次她带了几十个人来。在“台北剧场”，我又请到了九十年代的大陆第一花脸李长春老师和魏海敏演出《霸王别姬》，结果七场演下来，可说是座无虚席，魏海敏的名头再一次被打得非常响亮。

在纽约这块艺术宝地，魏海敏可算站住了脚跟了。好事传千里，然后在纽约的京剧大师童芷苓也知道台湾来了个魏海敏，多少也是因为我的关系，魏海敏就拜了童芷苓为师。童老师旅居纽约总共收过二男一女三个学生，一个是她最喜欢的何树，何树可用功了，每天跟在老师旁边乖得不得了，童老师的玩意儿他学得最多最全面；一个是最美丽的魏海敏，台上一站就有台缘；还有一个就是最不成器的周龙章，胡来！童老师老说我周龙章最胡来，不守戏规，生旦净丑什么都演，乱套，哈哈！魏海敏当年在纽约拜师可隆重了，纽约所有专业演员及大大小小的票友都到了！不过，童老师往生之后，魏海敏倒比较少提到这段。

到了一九九四年，魏海敏可说已成大器，我就请她来纽约领第十三届亚洲最杰出艺人奖。当年同台领奖的有大陆的越剧皇后金采风及台湾明华园的老团长，难得的是，金采风老师居然全场坐着看魏海敏与孙元坡演出

魏海敏来纽约领奖，中为台湾明华园的老团长陈明吉。

周龙章与魏海敏同拜童芷苓为师。

全本《霸王别姬》。这在当年又创下了海峡两岸表演艺术交流的一段佳话。

两岸开放之后，魏海敏趁着天时地利，又去大陆拜了梅葆玖为师。梅老师不管戏唱得怎样，他总是梅大王的儿子，头上顶着大大的一个“梅”字。拜了梅老师，魏海敏当然在台湾、在大陆吃京剧这行饭就会顺很多了，而她从此有了认证，正式成了梅派传人。魏海敏漂亮大方，平易近人，又很会做人，是一个可爱的人，有这样的明星弟子，又是来自台湾宝岛，梅葆玖何乐而不为？魏海敏有他这道光环的加持，自然也成了正宗的梅派传人了。而且，她的头上有“台湾”两个字，大陆的人对台湾一向是特别礼遇的。

魏海敏没有赶上像徐露那样的好运气。徐露那时在大鹏，大鹏可以说是为徐露而开的，如刘鸣宝、苏盛轼等，都还在。到了魏海敏，已经差了两代。许多好老师都过去了，所以，她的师承就比不上徐露。此外，魏海敏有一个问题，她的嗓音不是大角的嗓音。她的嗓音不够高，有九十五分，却不够一百分。但魏海敏的长处，是她的扮相好，身材也好，而且不断在求新，同时也在学老。她这几年勤跑北京，看了许多新东西，更学了不少老东西。

魏海敏精益求精，不放弃传统老戏，除了《贵妃醉酒》《霸王别姬》《二进宫》《穆桂英挂帅》这些剧目经常上演外，也曾经喜欢改革现代剧场，将西洋的戏剧国剧化。如她演麦克白夫人，甚至是埃及艳后 Cleopatra 等。这方面我的意见比较保留。因为，改良京剧的重点是在

“良”字，若改得不良，还不如不改，而一改就良的也未免太容易了。

魏海敏也应该有五十多了吧，未来十年应该还会领导台湾的京剧世界，因为她已经有这个条件，也只有她单枪匹马，为她自己也好，为台湾京剧界也好，持续地在付出、在努力。要做超越徐露台湾第一的全才大角，这志向说起来是真不容易，毕竟京剧是北京过来的。大陆现在大力发展京剧艺术，而好演员太多了，每个市里抓抓一大把，生、旦、净、丑好的一大堆。在台湾，到头来能与徐露分庭抗礼的居然是魏海敏，可能也是最后一个了。

这玩意儿实在太难，花个十年八年下去不见功的不知有多少，而且一进了这一行，台上一出戏，台下一出戏，台下这出戏可比台上的那出难演多了。

魏海敏命好，用功、经营、努力，再加上钟团长加持，慧眼识英雄给机会，所以美丽的魏海敏在台湾就修成正果了。魏海敏加油！

导演

胡金铨&张彻

我抱着电影梦进了邵氏，

张彻和胡金铨这两大名导，

却不约而同地点破了这个梦，

让我死心塌地地走上另一条人生的道路。

我们这代的影迷，应该是没有人会不认识胡金铨及张彻这两位大导演的，两人在当红的岁月可是春风得意马蹄疾，是香港开武侠片新纪元的始祖风云人物。

张导演的《独臂刀》是香港第一个破电影百万卖座片的纪录，胡金铨更是一九七八年被英国权威杂志《国际电影指南》评为世界五大导演之一，一部《大醉侠》捧红了当年才十九岁的郑佩佩和岳华。在邵氏独霸天下的岁月，只要是旗下的导演，拍戏的条件相比外面独立制片会优惠很多，所以他们都是先在邵氏拍红了的。人一红当然野心就会大，一个个就想离开邵六叔往外飞，可惜外面的世界大，但是困难也多多，主要是被邵氏制作环境给宠坏了，连大导演李翰祥最后也只好打道回府回归邵氏。

原因之一是他们拍戏的态度太认真，胡导演一部《山中传奇》要拍六七年，对布景服装道具一点都不肯马虎，拍起戏来又从来不肯跳镜，制作费水涨船高，对演员的要求也分外严格，不准接别的戏。

左起胡金铨、周龙章、李丽华。

是的，张导演、胡导演的片子是接了能抬举人，但五年拍一部戏，叫人怎么活呀！加上后期所拍的戏，只有行家、媒体叫好，与一般影迷的要求脱节。俗话说观众的眼睛是雪亮的，其实老板的眼睛才是雪亮的呢！片子一开，卖座跟预期有距离，再大的名衔都是假的，“票房的保证”成了明日黄花。电影界最现实，老板们当面假意奉承，背地里笑骂连声，于是张导演的“长弓”也就收了工，胡导演也长期留在洛杉矶等工开。两个认认真真的一身本事的电影工作者，晚年都不是很风光，在电影圈纸醉金迷惯了，所以一过六十大关，两人的身子骨儿也不是很健朗。

胡导演才六十五岁，一九九七年因做心导管手术失败往生在手术台上。张导演“长弓”败北后，往大陆发展，那时候的祖国经济还没有起飞，于是时乎不再来，身体也太差，腰都直不起来。回到香港后，再多的干儿子有什么用，心不甘、情不愿地离开了曾经风光过的花花世界。

张导、胡导跟我都有一点点缘分。二十世纪六十年代末，我曾在年少无知时做过明星梦，南国剧校还没毕业，校长顾文宗就替我接了一部《文素臣》的次配角“文龙”，是当主角乔庄、文素臣的徒弟，当剧校毕业实习做。文素臣原来是张彻张导演的戏，后来不知什么原因改成了薛群导演。当年邵氏财大气粗，经常会有这些事发生。但我上戏的第一天还是张导演，顾伯伯特地关照，给我介绍了张彻打招呼。张导演当年是什么眼睛呀，狄龙、傅声、姜大卫、王羽都是从他手中出身的。当晚收了工，他就跟顾伯伯说：“周龙章太矮太小，会不会演戏都是其次，可以慢慢磨，但没有了巨星条件是磨不出来的，而周龙章没有。好好人家出身的孩子，玩玩吧，别浪费了时间。”（同样的话潘垒导演后来也说过。）顾伯伯把话一传到我耳朵，我就有数了。当时听了不舒服，也不服气，但这真是金玉良言呀！也改变了我的后半生。点点滴滴都是贵人，感恩！

胡金铨导演跟我就更有缘了，一九六九年我接了岳华的班，主演孙猴子。《盘丝洞》是何梦华导演的，何导演知道我会打，曾当过大明星的替身，猴子不需高大，猴子不需英俊，猴子又不需要演技，只要功底及技巧，所以何导演推举我拍完他的《西游记》，下一部戏去演《大醉侠》中众多强盗之一，让我去见胡金铨导演。那时我只知道邵氏大导胡金铨，但不认识他。和胡导一见，他说周龙章哪像强盗呀，演个小偷就差不多，也因此我没有参加《大醉侠》的演出，乖乖地等着拍完《西游记》，乖乖地等着珠海大学毕业，乖乖地退出电影圈。

来到纽约，一九七五年成立美华艺术协会后，当时胡导演最红，我就想到个点子：替胡导在纽约开个胡金铨电影回顾展，把他老人家也搬到纽约，展地就在 Bleecker Theater——当年在纽约 village 可是个红地儿，专放高层次的艺术片——开幕后一连三天的座谈会，接着七天胡氏的作品回顾。当时胡导的崇拜者多，连纽约大学电影系的学生李安也开了部破车子来朝圣胡大导。当年美华协会多穷呀，每天住酒店可住不起，我把胡导安排在张北海纽约的豪宅里，把李安介绍给了胡导。我们的李同学可乐坏了，老老实实地在张北海的家里上了几天课，以戏会友，满载而归。这也算我为他们做了件令人开心的好事。回顾展结束后，胡导演也很满意地飞回加州。善缘却没有中断，往后的几年，断断续续地我们都有很好的互动，我崇拜他，他也很欣赏我在海外对戏剧的坚持。

胡导是标准中国戏剧迷，各个剧种他都懂都喜欢，这一点我们可以说物以类聚。但他自己的电影事业却一步步在往下走，有好的点子、大的计划，如《华工血泪史》，一听戏名就知道会是一部史诗巨作，却找不到投资者。一直到消息传来大导演胡金铨走了，往生在心导管手术台上。

胡导演矮矮壮壮，一九五八年加入邵氏当演员、编剧及助理导演，一步步爬到导演的位子。郑佩佩是他捧红的，所以佩佩现在也是胡金铨艺术基金会的执行长。二〇一〇年五月，在纽约人文学会，我和佩佩还主办过胡金铨八十冥寿纪念会呢！我是他的粉丝，他是我的偶像，从以前到现在，永远，永远！胡导我爱你！

演员

郑佩佩

年轻的时候是天仙化人，

清纯美丽又不是一般的漂亮。

现在是活菩萨，看尽天下事，一切归于平淡。

以电影生，为电影死，

奉献终身的一个电影人。

我认识佩佩五十年了，她是我认识的众多明星中我最喜欢的一位。当年我进南国剧校时，第一天学校就在我们每一位学生面前摆了一堆《华侨日报》，要我们票选武侠影后郑佩佩，你看她有多红啊！她演过《金燕子》《大醉侠》(岳华主演，但最重要的角色就是郑佩佩)，后来邵氏公司又要她到台湾来，拍了一部《情人石》(在兰屿拍的)，那时候佩佩风华正茂，才二十岁左右。

当时，南国的同学当中，想做明星的都傍着校长顾文宗，无非是想早点红。我们有一组人，每天都跟顾伯伯在一起，佩佩就是我们这个小组的头，其他的成员还有岳华、陈鸿烈、赵心妍和我。我因为有自知之明，知道我不可能大红大紫，所以最早打退堂鼓。顾文宗是个美食主义者，跟着他有个好处，就是我们能吃得特别好。

顾文宗最喜欢的学生就是郑佩佩和岳华两个，因为他们的条件特别好，再来就是周龙章了。我拍完《西游记》之后，邵氏就要我拍凌波的《双凤奇缘》，要我演个跑龙套的角色，我就跟顾伯伯商量。顾伯伯说，你先去读书，看看你能不能申请到纽约大学、多伦多大学之类的。

那时岳华的目的是要追郑佩佩。陈鸿烈呢，就跟岳华打对台，也要追郑佩佩。潘迎紫呢，是喜欢陈鸿烈的，但是陈鸿烈喜欢佩佩多一点。只有我一个人是没有对象的。最后，佩佩呢，岳华也不要，陈鸿烈也不要，她去跟《梁山伯与祝英台》的电影发行商袁文通结婚了！袁文通其实也是个少爷，什么都不做，但他家有钱，而且他有个妹妹叫袁文秀，也是跳舞的，跟佩佩很好，所以佩佩就这样被唬住了。可惜没多久，两人就因个性不合离婚了。为了替袁家留个种，佩佩在一口气生了三个女儿之后，又生了个儿子。

佩佩做武侠影后大约有十年之久，然后，她就慢慢地掉了下来。为了在邵氏公司维持一个主角的声望，她开始接一些二流的戏。那时我就要离开邵氏了，顾文宗、高宝树、蒋光超等人就发起在九龙塘为我送行。佩佩那时穿着一件白色的貂皮大衣来参加餐会，让我觉得好光荣喔！

我人虽然离开了邵氏，但是我的合约没有离开邵氏，而且制作部门和财务部门是各自独立的，所以我每个月的薪资两百港币，还是照样汇入我的户头。这样累积了半年，邵氏公司发现我不但不拍戏，人也跑掉了，才把我的薪资停掉。倒是顾伯伯拿那一千两百港币买了块手表寄到加拿大给我。

那时除了我之外，还有个王羽也跑到台湾接戏。因为他名气大，被邵氏发现之后，闹出个大事情。因为他名气大，邵氏注入了多少心血才培养出来的这样一棵摇钱树，和小次配角演员周龙章当然不同，所以隔海打官司要回公道，官司一打打了好几年，结果王羽赔款了事。那是一九七二年的事了。

我在珠海大学读书的时候，每逢学校要办晚会，我都会请于倩、魏平澳、焦姣这几个人参加。毕业的时候，只有井莉、杨凡两人来向我道贺。到了纽约之后，因为江青的关系，我一直和佩佩保持良好的联络。

去年，佩佩到纽约来看我和江青，她那时已经吃素，我们找素斋店请她吃饭。人家看到我说："周龙章，你好厉害啊！你连郑佩佩都认识喔？"佩佩听了说："我们岂止认识？我们已经认识五十年啰！"唐人街的人不知道我有多大，说："周龙章是我看着长大的，怎么已经超过五十了？"

佩佩跟我说，现在全世界只要有需要她的地方，她就去拍电影，就算只拍一个镜头也好。签了合约以后，她就向剧组报到。然后，她就关了房门把菩萨供奉起来，躲在房间里抄佛经。信了佛之后，她变得心平气和，再也不跟人家争、跟人家吵。二〇一三年八月，她到纽约住我家，正逢台风肆虐。她走的时候，送我一个扇面，上面全都是她抄的佛经。

二〇一三年圣诞节，她告诉我一个好消息，说是她已经申请到香港的老人公寓，将来没戏拍的时候也不怕没地方住。唉！连当年最红的金燕子、荒山女侠现在也都老了，真是是非成败转头空。明星之中，有几个能像何莉莉、徐枫那样有享不尽的荣华富贵呢？

佩佩一生中，有个最爱的男人叫张冲。张冲也是个知名的演员，拍过的戏超过百部。不幸的是，他因大肠癌过世了。我想，张冲哥的死，佩佩是蛮伤心的。演员朋友中，佩佩也是我的最爱，她是真好、真善良，现在看穿一切，专注电影愈来愈好。

和郑佩佩合影于纽约家中。

周龙章与江青、郑佩佩于纽约合影。

舞蹈家

江　青

一生做人有原则。

从来就不想当明星，

只想当艺术家和舞蹈家。

为人行事层次高，人品好。

在所有我认识的南国剧团人物中，江青是跟我结缘最深的。江青那时是我们的舞蹈老师，我看了她的舞蹈才知道什么叫中国古典美，不论是少数民族舞蹈，还是中国传统舞蹈，到了她的身上都是美不胜收。至于她自己新编的一些现代舞，那对不起啰，我只能说我不会欣赏，不懂。就好像谭盾的音乐一样，我是真装也装不起来，不懂就是不懂，坐得住对我来说已经难为我了。

在香港的时候我跟江青就很熟很好，不过，她是大明星，我不是。我逃离邵氏到了纽约之后，没几年，她跟李翰祥、甄珍、刘家昌之间发生了一些不愉快的事情，她就断然离开她并不喜欢的电影界，很生气地跑到洛杉矶住在卢燕家里。

后来，她想通了，要搞舞蹈艺术还是要到纽约来，纽约是世界艺术之都，她就来了，也找到我了。她本来是想成立“江上数峰青”舞蹈团，但觉得这个名字太过拗口，意境也太高了，普通人不容易懂，就改为江青舞蹈团，我是特约团员之一。

她的团员中还有一个职业华人团员叫董亚麟，后来得艾滋病死了。我很喜欢董亚麟，他的死，对我也是一个打击。他是那样高富帅的一个男孩子，又满身艺术细胞，江青也非常欣赏他。亚麟自己也组织过一个舞团，还请我当过客座舞者，那么早就走了，真可惜！自此，我对我自己的 sex life 就更小心了。

那时台湾的四大导演白景瑞、李翰祥、胡金铨、李行拍了一部电影叫《喜怒哀乐》，江青把“乐”的部分单独抽出来，改编为一出现代舞剧，由我担任主角老渔翁，她自己只在里面演一个小角色。很多人看不懂这出现代舞，但是我们还到全美各地演出及参加香港亚洲艺术节。江青的瑞典老公，就是那时候来追她，每天晚上都捧着一枝玫瑰花走到台上来献给江青。

在他的热烈追求之下，江青终于与他成为眷属。她老公是瑞典诺贝尔奖委员会的委员，虽然过去了，江青目前财务上还是很宽裕。她拥有瑞典的一个小岛，经常邀请友人去度假。她跟这位瑞典老公育有一子，长得非常好，像个王子一般。

认识江青这么多年，最难得的是，她一直非常努力，自重自爱，层次也高，做任何事很有原则。从她当演员的时候，在最高峰时说下就下，投入全新的领域，又能做出她想做的事情，就知道这有多难得了。

江青是我在纽约经常见的朋友！

周龙章和郑佩佩及江青合影。

在BAN合影，施叔青、江青、林怀民、周龙章。

演员

卢　燕

华人的传奇。

戏好人好，

九十岁还南征北战，

全世界飞跑演出。

奥斯卡金像奖的唯一华人评审，

可惜还没拿到金马奖的终身艺术成就奖。

在当今所有活跃在影坛的明星当中，卢燕无疑是属于鼻祖级的人物。别的不说，半个世纪前，她以三十几岁的青春年华，就在邵氏公司以演西太后而大红大紫。谁能料到，五十年之后，她仍在香港话剧团主演由杨世彭博士导演的《德龄与慈禧》而造成轰动。别说是华人影星了，放眼全世界，有几人前后五十年演同一角色，像她这样松柏常青，屹立不摇，太难得了！

我最佩服卢燕的是她的敬业精神。二〇一二年，她因为中国电影节来纽约，本来我跟她有个约，她突然取消，跟我说："抱歉，Alan，我有个很重要的 audition，所以……"有没有搞错？一个八十八岁的老太太还在应征角色？你说这种敬业精神哪里去找？像她这种人物，才真正应得金马奖的终身艺术成就奖，哪还轮得到甄珍大奶奶啊？

一九八九年，我是设计好了，要让卢燕获得纽约市文化局颁发的终身艺术成就奖。卢燕跟我说："Alan，我呢，老了。迟早会得这个奖的，我可以等。现在呢，你排排看，今年你先给葆玖，我跟你商量一下，错开来。因为葆玖没来过美国，他很想看当年他父亲梅兰芳风光过的百老汇是什么情景。”我说：“好啊！”于是，我就到香港找一位有实力的票友，赞助三张头等舱的机票，让葆玖能带着他太太和姐姐葆玥到美国来。当然，卢燕也从洛杉矶赶来。那年，从美国各地赶到纽约来看葆玖的戏迷不知有多少，还真要感谢卢燕给了我这么好的点子。

我认识卢燕大约也有五十年了，她雍容华贵，把我当个小辈，看到就说：“龙章啊……”或者是“Alan 啊……”声音真好听。二十世纪六十年代末七十年代初的时候，我在邵氏拍《盘丝洞》，我们是在二棚拍。另外有四个棚在赶《倾国倾城》和《瀛台泣血》，两部戏都是由卢燕主演西太后。卢燕那时已是金马奖影后了，有十足的巨星架势。这两部戏邵氏所有的大小明星都参加演出，是邵氏准备传世的重头戏。我们有空当的时候，总是求演皇后的凌波带我们去四棚看国际巨星卢燕，《盘丝洞》的一些蜘蛛精，如于倩、沈依、田梦和我，都会偷偷地跑到卢燕的棚外面去等她，看看她下戏了没有。有一两次碰到了卢燕，总也会问大家好，辛苦不辛苦。还鼓励我，说我是一只最帅的猴子，乐得我灵魂都差点儿出窍！那时，我们对她真是充满了崇拜。

后来，我知道自己没有做专业演员的条件，大学一毕业就离开了邵氏，离开了万紫千红的影剧圈。我的志愿是做一个终身不离开舞台的票友，我来到美国，又跟卢燕碰上了，就变成了好朋友。我和她是忘年之交。她虽然是金马奖影后，但是一点也没有大头症，跟每个人都是亲亲和和的。到今天为止，卢燕还是第一个，也是唯一一个可以担任奥斯卡奖评审委员的华人。

卢燕不知从哪里学来的英文，非常利落。每年奥斯卡举行颁奖典礼的时候，她不但要为《中国时报》发新闻稿，还为多家英文媒体发稿。她还有个本事，就是她的电脑功夫很好。早在二十年前，她就能够给我发电子邮件了。她喜欢看戏，每次来纽约总会看上几场戏，连我们票友的戏，她也照看不误。

卢燕还是美国影评人协会的会员，每次有新片推出，她总可以访问一些大明星，如布拉德·皮特、朱莉娅·罗伯茨等。她来纽约，她的公司会安排她住旅馆，而且，每天她的餐费有一百美元，这一百美元是只能花不能退的，所以她总是会找我陪她吃饭，就这样，我不知道吃了她多少顿！

我和卢燕相处五十年，从来没有争执过一句，我有什么事，她总是义无反顾地帮忙。中国电影节到二○一三年已经连续办了四届，头三届卢燕都是自掏腰包买头等舱的机票，从北京专程飞来纽约参加。她看到我就说："龙章啊！我到了。没事，没事。你看到我，你心就定了。"要知道，每逢电影节，总有一些明星喜欢端着个架子，所以我总是喜欢躲在卢燕的房间里，假装伺候她，其实是我在躲一些不必要的是非。

有一年中国电影节，我和卢燕一起走红地毯，我们要听候叫唤，搭加长型豪华轿车到会场。叫到我们的时候，我扶卢燕出来，但是，电话又

与卢燕于纽约中国电影节走红毯。

来了，说是要我们再等一下。因为，林肯中心的后门已经关掉了，我们回不去了，我们只好到中心对面的一家家具行去打发等候的时间。那时，卢燕的举止像是个来自欧洲的贵妇，东问问西问问，仿佛要下一笔大订单似的，让店老板充满了希望。但没多久，她就因为精力用尽睡着了。等到叫她的时候，她花了一分钟补个妆，立刻又是一尾活龙。

到了会场的时候，我们碰到了电影《飞越老人院》的年轻导演张扬，卢燕就跟张扬说："张导演、张导演，太可惜了。《飞越老人院》里，你怎么不请我演一个角色呢？我绝不会丢你脸的。"张扬听卢燕向他发嗲，当然是高兴得要命，当场就说："好好好，下次一定给你安排。"卢燕说："咱们这就定了。我等你回话呢！"然后她对我说，"龙章啊！张导演都答应了，咱们走吧。"你说她可不可爱？

那天晚上回到卢燕住的旅馆时，她说她没吃晚饭，肚子饿了，我就陪她上九楼吃饭。那时，有一堆也参加中国电影节的老外，看到她穿着晚礼服走进来，立刻迎上来对她说："Madam,You were so spectacular tonight."卢燕一听，风姿万千，不疾不徐地说："Thank you so much."老太太还真是个万人迷。

卢燕戏演得好，但唱得不是太好，本来她在洛杉矶唱个《拾玉镯》《金玉奴》什么的，后来改唱老生。第一台老生戏就是来纽约唱新编的《大唐贵妃》，她唱唐明皇，童小苓唱杨贵妃，我唱高力士。你看，我跟卢燕台上台下搭配得多好！

卢燕现在多半在洛杉矶和北京两头住。梅葆玥死后，她就跟梅葆玥一样在照顾葆玖，跟葆玖好得很。有一说她是梅兰芳的私生女，跟葆玖是同父异母的姐弟。关于这一点，她不承认也不否认，但是，她跟葆玖情同姐弟是事实。Lisa, Lisa! I love you. Very very much.

演员

钟楚红

华人的玛丽莲·梦露，

性感健康而没风尘味。

大气、豪爽、绝顶聪明，

又从不得罪人。

先生去世后，男人勿近。

古今中外我所认识的女明星中，从二十世纪七十年代直到今天，我都认为红姑第一，她美，美得清新；她艳丽，但不过火；美艳不可方物，但自然如春风；她性感但绝不邪，而且她为人正派，高雅又不做作。一直到现在她还保持着高来高去，守着她的格调，五十几岁的人了，一亮相还是艳压群芳，任何场合只要红姑一现身，就是一道美极了的风景，可说是人间尤物、不老的神话。私生活中也洁身自爱，先生往生后，男人勿近。

是有好多年没见到红姑了。对！记得那时候是在纽约麦迪逊广场认识的，为了公益金的一个活动，我是那场义演的艺术顾问，由老友肥肥和秋仔一介绍，我们就一拍即合，友好得不得了，拍肩搭背的。她之前并不认识我，也不知道我待过邵氏。钟楚红是当年的性感女神，如同是中国的玛丽莲·梦露。其实梦露似有似无还带着一丝风尘味，但我们的红姑更干净健康。

钟楚红能够有今天的地位，要感谢一个人，这个人就是杨凡。杨凡和我相识多年，以摄影起家，非常会自我宣传，把自己捧成一个香港首席大摄影师。他当导演也以唯美派的电影著名，罗大佑对杨凡的电影有一句名言："你要做什么都随你，但请不要再拍电影。"

钟楚红在邵氏公司拍了一连串A级烂片后，演了杨凡的几部电影，最重要的是，杨凡帮她拍了些照片。杨凡其他的摄影我不知道，但是他拍钟楚红，是真有本事，层次又高，品味好得不得了，把钟楚红的魅力完全表现了出来。可以说，红姑是因为杨凡的摄影而变成当年国片影界最亮眼的一颗巨星、一尊性感女神。说是女神一点也没错，直到现今一代的小青年、中青年，甚至我这种老青年，把红姑捧为女神的大有人在。钟楚红很喜欢吃意大利菜，她在纽约的时候，两个月内我们几乎吃遍了纽约大街小巷所有的意大利菜馆。

我心目中，红姑永远第一，但她演戏演了半辈子，老实说，没有哪一部真发挥了演技。她在生活上和在银幕上完全是两回事。她本人在生活中不够高、有点胖，有点像个tomboy，性格豪爽，人又非常聪明。奇怪的是，她似乎特别喜欢跟同志交朋友，像我就是。

她在纽约拍完戏之后，有多少臭男人想要她，她却谁都不要，只跟我才会跑去59街的Coliseum图书馆看书，我们可以一看就是两三个钟头。红姑席地而坐，面不改色，看得开心，学得认真。她并不太喜欢看百老汇的歌舞大秀，反而喜欢随意的穿着，和我大街小巷乱逛逛，逛Village、

SOHO 什么的。穿着也有她自己的品味，不乱穿，也绝不乱买名牌，但什么衣服一穿在她身上就美极了。

红姑是一九六〇年出生的，现在也已经五十多岁了。她本人并不是太漂亮的那种，但是非常阳光，所以见到红姑就见到了希望，世界仍是美好的。一到了银幕上，一到了镜头里就非常 presentable。当然她息影好多年了，可惜当年香港电影圈没抓住她，拍了几十部戏，代表作却不多。现在她也参加很多代言，为兴趣也为生活吧。也参加公益活动，保持一个知名度。红姑还是个环保先锋，对于环保她是真心出钱出力的，看到现在北京、香港雾蒙蒙的天气，一定把她气得半死。她是一个绝对精灵的女子，想侮辱我们的红姑，那不是她傻是你傻。香港城中有些大的 function，所谓城中盛事，只要是高层次的，她也经常参加。说老实话，我相信她是不会复出拍电影了，也希望她有这个智慧不再复出。她老公早逝之后，她一直一个人，很会过日子，生活得很好，也没听说又交什么男朋友。一切关于红姑的消息，大部分都是正面的，这就很不容易。

对于钟楚红，我是有自卑感的，人家这么大大的一个钟楚红，当年还跟我小小的周亚伦有过缘分，曾经是好朋友，你还想怎么样？人家是真的上流社会的顶级人物，不虚不假的。希望她顺心如意，遥祝平安。我是不会再去找她了，我是属于小社区的人物，我就认命在小社区里安身立命。

周龙章与钟楚红在纽约苏活区。

周龙章与钟楚红同游纽约街头。

周龙章与美丽的红姑合影。

歌手

梅艳芳

义气女子。天生的天后，

但是个苦命的女人，四岁就开始登台，

红遍港台及华人世界，却被男人一次又一次抛弃。

香港之光，与生俱来的舞台魅力。

梅艳芳十周年纪念演唱会，张学友说每个进场纪念阿梅的观众，都希望能穿黑白二色服饰进场，以给阿梅一份珍重。是的！一个够义气、苦出身的“香港女儿”，一辈子不虚不假在舞台上献身，她给人们带来的欢乐，绝不会比任何一个伟人少。

我喜欢阿梅，她的歌真是一流，粤语、普通话都唱得好，功力深厚，咬字清楚，没话讲。戏也是一流，当今红星比她漂亮的太多了，但没几个比她更会演、演得深、演得细。

我跟梅艳芳没有私交，结缘认识是一九八九年，那时纽约华人办了一个纪念演唱会，是在Javits Center办的。领衔的台湾有罗大佑，香港则是梅艳芳，我担任这个演唱会的舞台总监。那次演出非常轰动，因为那时是梅艳芳最红的时候。她工作起来善解人意，一点也不给人找麻烦，专业极了，和助手二人打理一切，安安静静地准备上场。这场演出所有的演职人员都是自愿参加不拿钱的，跟她工作真舒服。梅艳芳本身长得并不漂亮，

与梅艳芳合影于巴士上。

又够瘦，可是举手投足非常有舞台魅力。那次完了以后，我们在中国城还有个大游行也是人山人海，但阿梅没有参加，怕乱。

次年我到香港去度假，正好碰到梅艳芳的生日，她把整个山顶餐厅包括停车场都包了下来，真夸张！我是阿梅的粉丝，跟着大佑一起去。那次的晚宴是由曾志伟主持，到场的贵宾有两三百人，香港地面大星星小星星全都来了，等着、聊着、喝着、吃着，刚好一阵骚乱，梅艳芳到场了。我看她四海的样子，像要竞选的政客一样，江湖得不得了，不论熟不熟识，她都跟每个人打招呼，道辛苦，说一些感谢的话。

梅艳芳的派头和邓丽君、甄妮不一样，邓丽君是不出声的，你讲话她就笑笑，偶尔讲一句幽默的冷笑话；甄妮到一个场合，哗啦哗啦地像个女王，话语权全在她身上；梅艳芳出身苦，四岁就出来卖唱，她哥哥、她妈妈啊，她全家都是不做事全靠她。

梅艳芳喜欢帅哥，谈了很多次恋爱，都是大帅小子，还包括日本帅哥。她最爱的一个恋人是大陆出来的赵文卓。赵文卓身形高大，人又帅，条件比甄子丹他们好多了，但他不争这个，安安分分地拍戏赚钱养家，不制造话题，追他的人很多，但他不争风头。梅艳芳因为名气太大了，给了他很大的压力，没几年他就和阿梅分了。

在赵文卓之前，梅艳芳还跟刘德华有过一段刻骨铭心的恋情，但后来还是不了了之。老天爷也真不公平，像梅艳芳这种这么有表演才华的艺人，苦了一辈子，居然让她四十岁才出头就得癌症死了。

我最后一次见到梅艳芳是在作曲家卢冠庭的“牛一”及新界新屋落成庆典上。卢某在香港和深圳的交界处盖了一栋新房子，梅艳芳也去道贺。见到我的时候，她对我说：“我去纽约的话一定找你，去你的盘丝洞玩。”唉！没想到，没过多久，她就走了，盘丝洞也歇业了，真是时乎时乎，不再来！

突然想起一句话：“做人难，做女人难，做名女人更难。”世人谁不是受命运之神的摆布？风光的，人前都看到了，背后呢？得到一些，必也会赔上一些。世道之公平，也就在此，谁能得到一切，占尽便宜？谁不是“人在江湖，身不由己”？

陈丹青绘

服装设计师

吴季刚

家境不错，命好，

三十几岁像十几岁。

两个马夫人捧他，

可算是得天独厚。

吴季刚其实跟我没什么太大的渊源，说起来他曾到我纽约的盘丝洞俱乐部同志酒吧打过工，也只有短短的三五个月。那年盛夏，盘丝洞俱乐部来了一个乖乖的、老老实实的小青年，说是想打工，他说他叫Jason Wu。

当然，Jason他本身家境很好的，人也多才多艺，他打工只想多一点社会经历，只是玩玩的。当年我们盘丝洞吧里面的人太多了，人来人去的，清清秀秀、矮矮小小的他，也不是很引人注目，倒是他在我们的酒吧里做过两次服装发表会，当时大家都说好，但并没有引起什么大的轰动。

在盘丝洞时，他叫自己的品牌“Miss Wu”为“吴小姐品味店”，三十几岁的一个男孩子，阴柔得却像一个女孩子一样，非常可人爱的。我相信他已经不记得周龙章这个人，但是他应该记得他在盘丝洞打工时的老板叫Alan Chow。

他爆红之后，有许多人说："不得了喔！你们盘丝洞出了一个了不起的人。"其实我跟他一点接触也没有，酒吧里包括经理、我和三个go go boys，一天晚上也有十几个人，再加上酒店服务生，我真的不可能和每个人都称兄道弟，所以基本上只知道店堂上又新来了一个可可爱爱的小酒保，没什么接触。没过几个月他就走了，走了就走了吧，想当酒保打工的年轻人有的是，倒是蛮想念他手做的小娃娃，样子精致可爱极了。

来盘丝洞上班并不一定需要会调酒，我自己刚开始的时候也下场做酒保，也下场跳go go boys，因为客人多半是喝啤酒和饮料，而且除了几个固定的酒保之外，其他的人都是流动性的。Jason在我们的酒吧里做的服装秀，不外乎是找几个吧里身材好的业余模特，走走小舞台上的catwalk，邀请函当然是用盘丝洞的名义发出去的。

他在盘丝洞做了三五个月。在纽约这块宝地，像他这样亚裔的服装设计师要多少有多少，反正是很多很多，像Michael Lin、Vivian Tang、Garrick Liang、贾雯兰等。有许多经济条件好的或有人赞助的，就花大钱参加纽约每年举办两次的Fashion Week（纽约春季和冬季服装节）。Fashion Week目前是在林肯中心后面的一个小公园里举行，阿猫阿狗只要花钱都可以参加，花二十五万美金只能买到十五分钟到二十分钟的Catwalk Show，但是，至少有一百部摄影机对着你的秀，而且经常会有一些名人露面。

我相信，当时吴季刚并没有这种经济能力参加 Fashion Week，这就证明了我常讲的一句话：最红的不见得是最好的，最好的也不见得是最红的。说设计服装他真的不算最好的，但人家家底好，命好，你能怎样？反正 Miss Wu 是红了。

大提琴家

马友友

华人艺术界第一人。

可以让每个人都如沐春风，如有神助，点纸成金。

百年难遇的人物中的人物。

我有十五年到二十年没跟马友友见面了。但是，二十世纪八十年代的时候，马友友可以说是美华艺术协会的一个福星。那时，马友友有一半的时间是住在纽约，他的姐姐姐夫都是住在河边大道九十八街。那时候他在纽约的业务很多，他的经纪公司是美国最大的 ICM 公司。

我跟马友友算是蛮有缘的。像他这种人物，老实说，他才是全世界华人之光。因为在我看来，一百年华人中也出不了第二个马友友。第一，他的琴艺非常好，可是他说他们家中最有天赋的是他的姐姐马友乘。马友乘钢琴、小提琴、大提琴都很好。她嫁给了迈可，是个菲律宾人，他们在纽约经营一个儿童管弦乐团，也是非营利性的，但经营得很辛苦。

八十年代我跟马友友认识的时候，他是个非常幽默的人。跟他相处的时候简直如沐春风。他很喜欢京剧，但对京剧又很少接触。所以，每次有什么表演或晚会，我都会请他来参加。而我送他回去的时候，我都会一路上唱戏给他听。他对同志也是不在乎的，他曾对我说：“可惜我不是周龙章喜欢的那一杯茶。”你说他够幽默吧，他就是这么容易相处的一个人。

那个时候我们美华艺术协会时好时坏，政府每给我们一块钱，我们自己也得向外募一块钱。马友友看到我们的辛苦，就主动向我们建议说，他愿意为我们募款表演。那时他的价码已经很高了，是ICM的首席，虽然声望比不上现在。现在的马友友，是不做商演的，只有领导人啦、亲王啦、什么开国庆典啦、就职典礼啦，请他演出他才会出席。听了他的建议，我当然是喜出望外，于是我们找了他和林昭亮珠联璧合，开了个演奏会，普通门票是一百美金，赞助门票是一千美金。那个晚上，我们就赚了三十几万美金，是美华史上的一件大事。

一九八二年美华给了马友友杰出艺人奖。他因为生病了，无法出席领奖，就录了一个音，写了一封信（那时还没网路）代表他的谢意。我就带了花到他姐姐的家里去看他。他收到那个花的表情，好像是他从来没有收过花，他说：“亚伦，你不应该这么做的。这花真是太美了，我很喜欢。”你说他假吗？他一点都不假。他就是这个性情，喜欢让人开心。

他的太太是犹太人，有两个小孩。马友友这个人看起来高高大大的，却经常有点小毛小病。今年他又来纽约演出，我和陈丹青去观赏才发现，我们的帅哥马友友也不免呈现出老态，后面都开始秃顶了。无论你有多么红，岁月总是不饶人的。

一九八三年，他终于可以来亲自领奖了。出人意料的是，他居然抱着个大提琴上台，而且在领完奖后还即兴演奏了几首曲子。我们当时拍下许多照片，他后来等于是我们美华的社宝一样，我们有事没事就拿马友友来打响美华的名号。要换成今天，别说是颁奖给他了，连他的人我们可能找都找不到的。

说起来，不是我们美华捧马友友，而是马友友捧我们美华。有他成为我们的得奖人，我们的亚洲最杰出艺人奖一下子变得很有价值。这就像张君秋、梅葆玖得了这个奖之后，几乎所有的京剧大角都想效法一样。

马友友生于法国，在美国长大，但对中华文化非常喜欢。他这么成功，但有个特别的长处，就是他不招忌。他笑起来甜甜的，像个大孩子一样。他能够听得懂普通话，也能讲一些，比林书豪说得好多了。如今马友友已是世界公认首屈一指的大提琴家，算是光耀门楣了。

再说说林昭亮。林昭亮和他的母亲，跟我亲得像是一家人。林昭亮不亢不卑、不温不火，是个很大器的艺术家。但是，他除了在台上表演时非常杰出之外，在日常生活中是什么事情也不会做的。

林昭亮结婚生子之后，慢慢地也从舞台上退了下来，毕竟也是五十多岁的人啰。他目前在茱丽亚音乐学院教大师班，与我经常有往来。哎呀，时乎时乎不再来，岂止是我，每个人都是一样。

与马友友领奖合影。

二十世纪九十年代，周龙章与马友友的合影。

周龙章与马友友。

林昭亮的结婚典礼。

钢琴演奏家

傅　聪

对艺术执着，至死不渝的钢琴诗人。

可惜和纽约的犹太人没有默契缘分。

二十世纪九十年代，我五次请他从英国到纽约演出，场场爆满。

傅聪是二三十年前江青介绍给我认识的。那时他风华正茂，有“钢琴界的诗人”之称。尤其是他演奏肖邦的曲子，真的厉害，如行云流水，老实说比当今的郎朗好太多了。郎朗走的路子跟傅聪完全是两回事，傅聪是不食人间烟火的，他真的是个艺术家。

我请他到纽约五次。为什么是我请他呢？没有别人请他吗？他这么红。因为不知为了什么事，他跟犹太人的关系搞得不太好，纽约的音乐界都是犹太人把持的，犹太人不管你的话，那谁管你啊？我们这种人，请他来，让他在林肯中心有个自己的音乐会可以，要真的做大宣传来推广可不行。每次傅聪来，都是我带他去看钢琴，然后租一个钢琴，搬到林肯中心去做一场表演。因为他的名气，每次都是坐得满满的。要真的捧一个艺术家不是这样的，会有管弦乐团，即使是室内乐，也有几首作品来伴着他才托得起来。

我三次请他到林肯中心，一次请他到卡内基音乐厅（Carnegie Hall）。现在为什么不再请他呢？因为他毕竟太老了，有八十岁光景了吧。而且

与钢琴诗人傅聪在纽约合影。

周龙章与傅聪。

他的手，因为练琴练得太多了，有腱鞘炎的问题，每天都弄个黑套子保护着，只露出几个手指头。幸好他没得帕金森症。最后一两次我请他的时候，他没有过来，是他的第四任太太过来的。他有好多太太和好多孩子，孩子跟他一样都长得很漂亮。第四任太太也是个华人钢琴家，但是中文不太会讲，平常都是说英文。

你看当年江青捧的刘诗昆，现在也七老八十了，得了帕金森症，最近还抱病到了纽约开演奏会。他是人一碰到钢琴就好了，可是站在舞台上的样子，真是惨不忍睹。这说明了一个人有了舞台的怀抱之后，是很难忘怀的。

十年前请傅聪过来的时候，他曾提过郎朗和李云迪。他说，这两个人都是天赋好，但是都不够用功。据他说，你要成为一个音乐家，你整个生命都要献给音乐，是完全不能马虎的。

郎朗，我是在谭盾家认识的，那时他刚刚蹿出来。现在他的爸爸妈妈也好，他自己也好，把他当成一个商品在推销，他简直变成了一个演艺人员。一个真正的音乐家绝不能成为一个演艺人员，像傅聪就是个音乐大家。我这么多次请傅聪来纽约演出，他从来没有一次跟我谈过价钱，每次他回伦敦时我给他一张支票，他看都不看，揣在口袋里就上飞机了。他的人品极好，可是有点闭塞，在交友方面比较受限。

傅聪头两次来纽约的时候，我安排他住 Shirley Yang 家里。Shirley 是百人会（Committee of 100）的创办人，与他来往的都是名流中的名流，傅聪住她家那也没话说。可是，后来两次他就住我家，睡我的大床，我就睡客厅，这么简单的招待，他也不在意。平常，我跟他是用上海话交谈，有第三者在时，我们才说普通话。他平易近人，有一次他来纽约的时候，Elmherst 有个钢琴老师 Dora Hsieh 非常崇拜他，他居然就跑到 Elmherst 在这位老师的小公寓里陪她欢度感恩节。平常，他喜欢叼着根板烟斗，潇洒得不得了。哎呀！像他这样的人品，我想我这辈子是再也见不着第二个了。我非常怀念他，也祝他长命百岁。傅老师，您多保重！

演员

章子怡

China Doll。

条件不是最一流，

有命，时机又对了，

命里有时终需有，

就谁也抢不了她的运。

十二三年前，我有个港台电影行内无人不知的好朋友王为（Norman Wang）。Norman 在这个圈子可算是往来无白丁，四面八方很吃得开呢！人好，能干，又神仙、老虎、狗什么都来，个性又好，学识也高，却从不抢风头。Norman 打电话来准有好事，那天说是李导拍完了《卧虎藏龙》，有个演员到了纽约，因为在等主流媒体宣传，所以有两个星期的空档，晚上想到盘丝洞俱乐部来玩。我当然说好呀，欢迎欢迎，先请她来餐馆吃个饭吧。Norman 说吃饭不用了，先到餐馆坐坐喝杯茶吧。

来了！来了！原来来了个章子怡，才二十一岁，个头小小的，尤其那张脸只有巴掌那么大，清清秀秀，说漂亮、说美可谈不上，人真的和和气气，一点没有电影界习性，但是有点刁蛮公主的脾性。当晚她玩得很疯，在盘丝洞这样的同志俱乐部里玩，纽约有规矩，你看中的 go go boys 要塞钱给他们当小费，于是我给了她一堆小钞。第二天李导电话来了，说是谢谢我照顾子怡，其实章大小姐哪需要别人照顾，她可会玩得很呢！

中午吃了饭回我家唱卡拉OK，就这样我们一堆朋友每天陪着她吃吃饭、看看百老汇秀，无惊无喜地过了两星期，高高兴兴送她回北京，珍重再见。可李安是什么人物呀！李导的宣传数第二，是没有人敢认第一的。电影一上，媒体一捧一吹，老外看到了这样一个China Doll惊为天人，小小的一个章小姐，一下子变成了天王巨星。当然，我们的缘分也就此暂停，而章子怡的是是非非也跟着她转。像我们这些是朋友、不是朋友的过客，看在眼里，也知道章子怡真的不容易，钱是赚到了，是国际大明星了，可是那些背后的委屈，谁又有兴趣去知道呢！这个圈子哪有这么好混的，都要付出。

一直到二〇一二年，章小姐遇到了点麻烦。刚好我们这儿在办第三届纽约中国电影节，章子怡也有两部电影参加电影节，当时若是她出不了国，那可是要闹出国际新闻的。因此，为了辟谣，她坚持要来纽约参加第三届中国电影节，而中国有关单位也批准了她的申请。开幕式上章走完了红毯拍完了照，在酒会中我们算再次见面，相对一笑。唉！一切尽在不言中。我趁机问她，还记不记得十二年前我带她在纽约到处玩的事。她居然若无其事地说："不记得了。"唉！真是贵人多忘事，大家都不容易呀！

与章子怡看完歌舞剧《猫》后合影。

中国电影节，章子怡与周龙章准备走红毯。

演员

汤　唯

戏好！又有女人味！可惜还没红到顶。

现今嫁人去也，

但也不会放弃电影，是一个天后的料。

李安伯乐好耶。

小汤结婚了，嫁的是韩国人。嫁韩国人好，省了很多是非。李导拍完《色戒》之后，在曼哈顿四十九街那边配音及后期制作。他要我参加剧组，他先要我在中国城找一个会讲标准台山本土话的人，于是我就到中华公所找了一个人。然后，他就把汤唯也叫到剧组来，要我一个字一个字跟她磨上海话。

汤唯是杭州人，她会浙江话和上海话，但不够标准。我虽然是台湾长大，但我们家从小就讲上海话，我寄妈到台湾五十年，不会讲普通话和英文，只会讲上海话，所以，我的上海话不但特别好，还是老上海话，也是最纯的上海话。李安就是看上我这点，就把我叫去剧组，教汤唯讲上海话和广东话。

几天下来，我就发现汤唯是聪明绝顶的女孩。她的条件比章子怡好，第一，她高；第二，她的脸很丰润，不像章子怡那么干瘦；第三，她的戏很细致耐看；第四，她有股闷骚味，非常女人。我就不知道为什么到现在汤唯红不起来，没有像章子怡那么红。拍完《色戒》之后爆红了一阵子，然后就没有了。

有一说是她在《色戒》之中有脱衣服，所以被她的团队打压，不让她拍戏。我认为这完全是鬼扯。演员都是要听导演的，导演都不打压了，还有谁能打压？银色世界拍个电影，谁有空打压谁呀！无论如何，汤唯就是红不到顶，先是跟张学友拍了部小资本的喜剧戏，后来跟一个韩国男明星拍了部戏叫《晚秋》，因宣传得体，在韩国倒是闯出点名号。也是一炮红，第二炮就没下文了。明星要是红，没有戏拍照样红。你看这么多人骂章子怡，她可是照样红，而且越被骂越红。但是，我敢说，章子怡绝没有汤唯那么聪明。

有一次，我们剧组人员吃饭，我们几个和汤唯在一起，她一看到李安走过来，招呼不打，“啪”一下立刻站起来跟李安寒暄。可见，谁是谁，她分得清清楚楚。后来，等到片子上演了，首映会之后有个晚宴，沾李导的光我也参加了。那时，汤唯在晚宴上艳光四射，对拍照或合照的请求是有求必应，乖乖地贴在李导身边不温不火，体贴极了，人又漂亮。不过，她毕竟高潮已经过了，因为她的年纪已经到了。拍《色戒》的时候她已经二十七八岁，再这么多年的话，一个女孩子你若没有 hit the jackpot，过了三十就没有什么戏唱了。而且，她又不会来事儿，像张柏芝、章子怡都是很会来事的，动不动就会制造新闻。另有一说是她遭到打压。这更是鬼扯，你拍个电影打压你个鬼啊。我跟汤唯是没有私交的，倒是《色戒》首映的时候，李安给了我十张票。

汤唯是个很贴心的女人，有一次天气冷，她看到李安，就主动把李安夹克的拉锁拉上，这样的一个小动作，说明了她的明慧。

对于《色戒》，我唯一的意见是梁朝伟演的大汉奸，出出进进他老是皱着眉、低个头，仿佛头上写着“汉奸”两个字，深恐别人不知道他是汉奸。我祖父就是因汉奸的罪名被国民党抓去关了两年，那时我祖父多么八面玲珑啊，黑白两道、三教九流，他都吃得很开。所以梁生的汉奸有点问题，但是导演要、观众吃，你有什么办法呢！

这两年汤唯要更努力一把了，《北京遇上西雅图》都红出了个吴秀波，怎么会轮不到自己呢？不过，既然现在老公也找到了，那么就有戏拍戏，没戏在家哄老公，乐得清静，管他红不红，好！

与李安在《色戒》首映会上合影。

汤唯与周龙章在《色戒》首映酒会。

汤唯与周龙章在《色戒》首映酒会。

歌手

王 菲

绝顶聪明。自我感觉好得不得了。

不论红不红，都不假人辞色，冷造成的舞台魅力。

歌越唱越好，此曲只应天上有。

一九九二年秋，大佑在纽约跟我成立了一个音乐工场，办公室就设在456画廊办公室里。那时候，他签了两个新人，一个是王靖雯，一个是娃娃，他把这两位新人接来纽约受训，就住在法拉盛罗大佑的姐姐Jennifer Lo的家里。当年大佑当红，所以他得大陆、港、台三头跑，就把这两个新人交给了我。我每天开车去接她们，替她们找学校报名学才艺，送她们去上Barbizon表演训练学校、玛莎葛兰姆（Martha Graham）舞蹈学校及私家的声乐语训练班，这样子我鞍前马后地服侍她们约有半年之久。

当年王靖雯又高、又瘦，也不起眼，人呢，又总是冷冷的，所以我对她一点兴趣也没有，只是大佑交代下来，我按本子办事而已。无所谓，我也不觉得她将来会红。娱乐圈嘛，一副自以为是的高姿态，那可怎么混呢？娃娃呢，虽然二十好几了，但行为举止像个十四五岁的小女孩，不停地叫我：周哥哥长、周哥哥短，作小孩状，现在也不知去了哪里。

王靖雯本身倒是一直酷酷的。我不但白天陪她们到处逛，接送她们学才艺上课，晚上一个星期中总会去看几出百老汇顶级的歌舞秀，当课上。有几次还陪着王靖雯上现代舞课，我们未来的大明星对现代舞可一点天分也没有，导师教她左边扭一扭、右边扭一扭，王姐姐就是扭不好，也没天分，把老师气得不行。但将来要靠舞台为生的，拼了小命也得学。用功倒是很用功，年轻好办事，但始终现代舞这一块没学出个样来。一直等到大佑回来了，不晓得王靖雯哪根筋不对了，居然跟大佑说："你不要这样子对我们爱理不理的，将来我们可都是你的摇钱树喔。"那句话可把大佑得罪了。

他们两个都是很有个性的，大佑是个一发不可收拾的人，王靖雯则是酷得不得了的鬼脾气。那时大佑想，我是罗大佑喔，我还需要你做我的摇钱树吗？于是他就动了要和王靖雯解约的念头，他先公事公办租了曼哈顿（Manhattan）希尔顿的一间房间，把王靖雯找了去，讲明了要跟她解约。当时我劝大佑不要太冲动，先看看再说。大佑说，我不和她解约，一年要投资五十万在她身上。结果他们还是解约了。王靖雯妹妹可不在乎，大笔一挥，回到香港之后经过高人包装，改名为王菲，居然大红特红，变成天后，红到我们大家都吓了一大跳。我们好多人都看走眼了，我就是头一个。

最好玩的是，她成名之后，把罗大佑的姐姐 Jennifer 和周龙章都归类为罗大佑一国，对我们不理不睬，老死不相见。当然，春夏秋冬一晃几十年过去了，我相信她已不记得我是谁了，只记得在纽约学艺的时候，有个又丑又矮的小年轻替她开车接接送送。谁也没想到，像她这样又高、又瘦的女孩子会成天后，而且一红就红了二十年。不过，我必须承认，她的歌后来的确唱得好，好听极了，而且年过四十愈唱愈好。现在我车上还存着她好几张CD呢！真是天使之声，听她的声音开车就是个享受。

当年王天后还不成气候的时候，跟她是有这么一点缘分，但我们双方始终没有意愿，也没有交上朋友。大明星来大明星去，几十年我也看多了，也不在乎。大佑有没有后悔当年跟王菲解约呢？我告诉你，大佑这个人做事是不会后悔的。再一说，要没有大佑的栽培，王菲能有今天吗？我也实实在在告诉你，人各有命，有没有罗大少我们的天后一样会红得发紫，命里有时终会有。

但是呢，你以为艺人这么容易红吗？这么些年王菲所受的压力和委屈，也不是普普通通的人所能承受的，老公也换了一个又一个，最后也不是守着女儿过日子。也不知是真是假，又和小她十一岁分了又合、合了又分的谢小弟结合在一起了。再红也都要付出的，没有了自己，谁也不值得羡慕，而这些天王天后一红就都没有了自己，十个有九个谁都跑不掉。我们这些众生旁观者，无可无不可地等着看一出又一出的“天后娘娘连续剧”。到底是个女人，也四五十岁了，大结局不会太远了吧。希望是美丽大团圆，阿弥陀佛，善哉善哉。

双簧管演奏家

王　亮

我的小朋友，绝不势利。

爱自己的艺术 + 善良 + 高贵 + 有品味。

《纽约时报》说他是世界乐坛上最值得关注、有前途的一个音乐人。

在当今世界的管弦乐团中，由华人担任首席乐手的很多，这个被称为首席，那个也被称为首席，好像多到不在乎了。但是，王亮是个非常特殊的年轻人，他大概才三十出头。

很奇怪，我怎么会跟这么年轻的乐手有缘分呢？我们结缘是在谭盾干妈 Regina Cox 八十大寿的派对上，由谭老爷介绍，至今有四五年了。我觉得他在双簧管的造诣上是全华人音乐家当中首屈一指的，但是，他的知名度很难提升。因为，双簧管不像钢琴、小提琴、大提琴甚至笛子那么流行，大的管弦乐团单独为双簧管设计的作品也不多。但这个乐器很需要功力，除了天赋外，没有十年八年的努力是看不到成果的，在乐器中又不起眼，所以王亮是很不容易的一个。

王亮目前是纽约爱乐乐团的双簧管首席。纽约爱乐乐团的指挥和团长 Alan Gilbert 非常欣赏王亮，和他私交也好，英雄重英雄吧。我因为是爱乐乐团的会员之一，所以常常有票子可以看他们的演出，王亮也常送我票子。我本身不是个音乐人，也不太懂音乐，因此，这些票子给了我是有点糟蹋。坦白说，我每次去看，多半是享受那种演出时的特殊氛围。有个好处是我坐得住，而且很享受又美又柔又高级的音乐，音乐我是一点不懂的，邓丽君的《小城故事》还差不多，或者来段《四郎探母》也可以。

二〇一三年十一月，《纽约时报》给了王亮一整页的报道，认为他是世界乐坛上最值得关注、有前途的一个音乐人。那场演出我也去了，整整半个钟头，王亮一个人在大乐队中尽情发挥。双簧管的音乐听着就累死了，不要说吹了，真难为他。台上一分钟，台下十年功呀！这一个曲子练出来，我看私下小王亮老师最少吹了一千次。王亮跟许多成名音乐家一样，过的是演出完后立即打包走人的生活，世界各地跑，所以社交圈子很窄。

王亮为人高贵，气质也好，人一点都不势利，像我这种音乐白痴也可以做他的朋友，真难为他。他的爸妈在国内经济比较宽裕，所以在纽约的河边大道帮他置了一栋豪宅。王亮因为年纪轻，个子高，长得又好，又有相当的收入和地位，所以有一箩筐的女朋友，其中尤其以韩国美女占多数。他带出来的女朋友最少也有八十五分，而且一个接一个，可惜呢，他到现在还没结婚。二〇一三年的时候，他差一点结婚了，已经动手要签字了，结果女方有点变化，又没成。王亮加油！

王亮的母亲是个小美人，好漂亮！小小的个子，很有气质。为了王亮的事业，她牺牲了自己唱歌的事业，天下父母心呀！我很喜欢王亮的爸爸妈妈，人好好，实实在在的。唷！算起来王大爷应该和我同年，我们都属龙。

在纽约还有个知名的华人音乐人黄英，她是歌剧《蝴蝶夫人》的主唱，演的就是女一号蝴蝶夫人。每年中国春节联欢晚会若来纽约取景，黄英总是有一些镜头。她把王亮当弟弟一样看待，也和号称“女郎朗”的钢琴家王羽佳一样都是王亮的死党。黄英也是上海人，每次碰到我总是跟我说上海话。但是，她与我并无什么深交，因为像她这种鬼灵精，太了解我有几分本事了，要捧红像她这种国际级音乐家，我是做不到的。

和我亲如家人的还有林昭亮的母亲俞国华女士（Gloria Yu），她就住在曼哈顿的西区，为了照顾林昭亮，在丈夫死后一直没有改嫁。林昭亮和妻子女儿住在得克萨斯州，除了有演出及教学，来纽约看他母亲的机会是不多的。这就是我常说的现象：孩子若有大成就，在世界上成了名，就不属于父母了，若是常在父母身边的儿女，多半是庸庸碌碌过个日子、吃口饭而已。祝全世界辛苦的父母们健康长寿！

作曲家

谭　盾

人精中的人精。

念旧，又懂人情世故，面面俱到，

对家庭孩子、自己的事业都尽心尽力。

人缘极佳，是华人艺术家教父级的人物。

有一些人对谭盾有点意见，他们不高兴谭老爷得那么多国际奖项。但谭盾一家都喜欢我，我也喜欢他们，连谭盾的干妈 Regina 都喜欢我，尤其是他太太 Jane，我们都是上海人，特谈得来，一见面“侬好侬好”聊个不停，我也对她们很好。我必须要说的一点是，谭盾这个人有颗开朗的心，他从不忌妒什么人。有一次在纽约大都会博物馆，他跟该馆的艺术总监有场对话，他嘴巴非常有道德，三分钟捧一个人，他有颗宽厚的心。

他是以学生身份到哥伦比亚大学读书的。他到纽约，我已经做美华艺术协会会长多年了。他还没有成大名的时候，已经知道周龙章这个人了。他看见我总是喊：“周大哥，周大哥。”或是“Alan！ Alan！”亲得很。就算现在每次回纽约来，我们总是会见面，吃个饭，打个屁。他是音乐人，讲他的音乐专业，那我是不行的，私底下我们从不谈论音乐，每回聊音乐话题，一定是他在台上，我在台下，是粉丝、是听众。

他真是一个好爸爸，他有两个乖巧的儿子，一个叫 Yen，十五岁，有教养得不得了，小小年纪已有大名气，待人接物也很有分寸，长得又好，就是愈来愈高，再不停止可了不得了，另一个才五岁。谭老爷很有家庭观念，像李安一样。谭老爷也特爱他太太 Jane Wong，不论他在外面怎么玩，但一回家，家庭就是排第一，老婆永远至上。我叫他谭老爷或是谭大师。他老婆 Jane 也是个女强人，自己有个公司叫 Ma Ma Be Cool，把自己打理得很好，全部精力都用在孩子和老公及公司上，从不打牌浪费时间，所以谭家永远柔静安详，也让谭盾没有后顾之忧。她的公司专门教年轻的妈妈怎么跟小孩互动，也出了不少产品。

谭盾写了《秦始皇》这出歌剧，是第一个中国人在大都会歌剧院正式完成的一个原创歌剧，由世界三大男高音之一的多明哥主演，还有大都会的首席中音田浩江参加演出。首演的那天晚上，他送了我两张第五排中间位子的票。我姐姐喜欢音乐，所以我特地打电话给姐姐请她来看，她远从明尼苏达州飞来，就为了看这一场演出，当天就开开心心地回明尼苏达州去了。那天晚上，四千五百个位子可谓座无虚席。后来，谭盾经过整理在大都会歌剧院再次公演，依然一票难求，这在华人音乐史上是前无古人，后无来者的。

谭盾在哥伦比亚大学有个老师叫周文中。周文中当初很看重谭盾，后来因为谭盾太光芒外露，两人之间有点小问题。他的《秦始皇》确定在大都会歌剧院演出之后，谭盾亲自拿了两张最好的票子跑到周文中家里去谢恩。这证明了他的宽宏大量。

我不是音乐人，对谭盾的音乐只是喜欢听、喜欢看（谭老爷的音乐和演出很有可看性），但我可以说完全不懂。他在台上撕纸头也是音乐，洗手也是音乐，他在台上碰碰石头、碰碰竹板都是音乐。凭良心讲，他一天二十四小时时不时有鬼点子。我跟他的互动及友谊对我也有好处，为什么呢？因为林肯中心户外艺术节的制作人 Janette Webster 下来了以后，林肯中心的主管换了一批人上去，我等于要点点滴滴从头做起。那时我跟谭盾商量，我说："你已经好久没在纽约露脸了，我们何不在纽约办一场你的户外演出，让经济不是很好的人也能来欣赏大师作品呢？"他老婆 Jane 听了，说这档事是赚不了钱的，言下之意并不太赞成。但是谭盾当场二话不说就拍案，他说："好！你给我个日子。"结果选了二〇一一年八月十二日。

谭盾好好用功选了武侠三部曲——《夜宴》《英雄》《卧虎藏龙》的配音。表演现场后面有个大银幕不停地放映三个电影，前面有个百人大乐队在演出，由谭盾亲自指挥。这些钱都是谭盾自己筹来的，可是这场演出的 credit 却有我周龙章的份儿，有美华艺术协会的份儿。就这样，我在林肯中心的户外表演又混了进去。新上任的主管制作人 Bill Bragan 对我能请到谭盾可是刮目相看，我算是再次站住了脚跟。

第二年，我又请了台湾的九天民俗技艺团。出席林肯中心的户外艺术节，是要花上一大把银子的差事，但是他们愿意呀！为了一个户外五十分钟的演出，他们花了五十几万美金，可惜效果却不太好。宣传是一回事，演出又是另一回事，到纽约这个艺术之都，可不是几句口号就唬得住的。成功如谭盾，他对于在台上每一次的大小演出都是全力以赴，绝不放松，回回见真章，所以成功不是天上掉下来的。

与谭盾合影。

与谭盾练习钢琴。

周龙章演出《宝玉哭灵》，谭盾探班。

作家 & 戏曲艺术家

余秋雨 & 马兰

马兰说："不好玩的人不交往。"

借她尊口，我应该是好玩的人。

不过，网民骂他们，我也就被波及。

何德何能？

当今大陆文艺界余秋雨的大名，不管你认不认可他，可都是家喻户晓的一个名字，喜欢看书的，也不大可能没看过余老师的作品。我跟余秋雨老师认识是因为他有一年应华美协进社（China Institute）之邀来亨特学院（Hunter College）讲学。不知为什么，华美协进社一定要跟我们美华艺术协会合作，所以我就有这个机会接近并认识他。正好，他讲的主题都是中国戏剧和文化之类的，很合我的脾胃和路数。

余秋雨的英文程度等于是零，不但不能说，别人说的他也听不懂，他的演讲当然用的是中文（北京话）。那天他演讲完后，我就请他们夫妻和华美协进社的主管老师在山王饭店开了一桌。借由那次的餐会，我就跟他比较熟了。

我发现他的太太马兰是从二十世纪八十年代到今天的大陆黄梅戏皇后，她演的《牛郎织女》中的织女以及《红楼梦》里的贾宝玉，真的可以说是玉塑神雕，漂亮得不得了。她个子高，带一点小男孩的味道，长得又漂亮，唱得又水又甜，往台上一站，十足是书里面跳出来的宝二爷。当初要是李翰祥早发现她的话，哪还有凌波的份儿呢？而且，最难得的是，她是舞台出身的。舞台出身的太难了，一站出来整个气势就是不同。马兰平易近人，跟她在一起很好玩，她自己也说她只跟好玩有趣的人来往，不好玩的人她不交，当然我就属于好玩的人啦，哈哈！

第二年，我到上海去。余秋雨老师就找我，要回请我吃饭。那时，金采风老师和昆曲小生尹继芳（不是我的老师尹桂芳）也要请我吃饭，我就先赴金采风和尹老师的约，晚上再去余老师那边，还带了我的助理一起去。

马兰能够得亚洲最杰出艺人奖，当然是我向她提的。她是属于全国性的人物，这种人是请都请不到的。马兰得奖的那年，另一位得奖者是大陆的昆曲大青衣张继青，她俩可都是真金不怕火炼的人物。

马兰得奖的那年，她想搬个戏班子来纽约演出，可是我想了之后觉得不妥，第一，时机已经不对了；第二，你唱的是黄梅戏呀！安徽黄梅戏不管怎么说都只是个地方剧种，在纽约要真的正正经经地推地方戏，可不是一件简单的事。马兰好，当然好极了，但以整个国家捧京剧捧了几十年，除了自娱自乐外，在海外的成绩到底如何是看得到的。当年梅大师来美演过两场戏，回国后说他征服了百老汇，征服了纽约，我倒要问问他征服的是哪个百老汇？哪个纽约？

马兰老师如果真的搬个班子来，哪里去找几千个观众啊？更别说签证的问题有多复杂了。再说，黄梅戏的演出是要大布景的，有布景就要有后台管理员。这都是麻烦事，我老了，有心无力了，高峰也过去了。

马兰我爱她，现在台面上所谓的黄梅戏名角，没有一个能和马兰相比的，她是特殊的高层次，唱地方戏没有一点土味，那么高雅，那么无邪，红了这么多年，一点风尘气也没有。后继当然一定有人，但再出一个马兰可不容易了。

余秋雨和马兰夫妇感情非常好，他们每时每刻都是十指相扣，舍不得分开。二〇一二年时，我和黄寤兰去北京、上海走了一遭，余秋雨知道了，一定要找到我请我吃饭。他的弟弟在永嘉路附近襄阳南路口开了一家名叫“点石斋小宴”的上海菜餐馆，余秋雨的大宴小酌大部分都在此地举行。一个晚上吃下来，我真是齿颊留香，至今仍怀念不已。海峡两岸的文人中，能像余秋雨这样爱情、事业两得意的，恐怕数不出几个。

京剧表演艺术家

童芷苓

生不逢时，

“文革”不来的话会成大角。

童老师的东西可不是想学就能学的，她是真正的中国戏剧表演艺术家。

我就是认为她比梅兰芳要好。

老一辈的京剧艺术家之中，与我有过过从的大有人在。但是，过从最密而且影响我最深的，非童芷苓老师莫属。童老师虽然往生已经十几年了，她对我的影响仍然呈现在我的每日生活中。

“文革”对童芷苓造成了莫大的损害。她被打入牛棚，过着非人的日子。“四人帮”倒台之后，她才被放了出来。那时，她住在上海，平素骑自行车的时候都不忘吊嗓子，希望东山再起。旁边的人见她没事自个儿“咿咿哇哇”地唱个不停，还以为她是个精神病。她不管，慢慢地把功一点一点练回来，她义无反顾，要再上一层楼。

一九八二年，她的机会来了。香港有个京剧大会演，许多中国的成名要角都受邀，她挂头牌带着梅葆玖等八十二人杀到了香港。在两个星期的档期之中，她一连演出了《武则天》《红娘》《尤三姐》《王熙凤大闹宁国府》等她的拿手好戏，场场满座，大受好评，可说彻底征服了香港的观众。正巧，我也是在场的观众之一。为了捧梅葆玖、童芷苓等人，我和鲍太太、胡权女士等二十四位票友组团从纽约飞到香港，天天看戏。在演完之后与观众的互动之中，我自然地认识了童芷苓。童老师听说我来自纽约，就对我特别感兴趣。

童老师的戏路比较接近大花衫一派。她演温婉贞淑的青衣是不太对工，演个青春年少的花旦又嫌年纪大了些，但是要演一个刁钻、泼辣、慧黠甚至有点癫狂的中年女人，那她可是个中好手。因为我和她同是上海人，扮相、戏路又十分相近，我就兴起了拜她为师的念头，而她也很快一口允许。我的拜师大典是在香港的一家酒楼举行的，席开七桌，场面盛大空前。后来，她回了上海，我回到纽约，我们之间保持书信联系。

童芷苓有个女儿叫童小苓，也喜欢唱戏，当时功力介乎内行和票友之间。因为妈妈是大明星忙得不得了，没有真正照顾到小苓的戏，我和小苓认识之后，很快成为好友。她结过两次婚，在纽约学服装设计，后来加入了一家名牌服装公司，专做与中国及印度之间的服装生意。小苓跟我是哥们儿，我们俩没事就会凑在一起，什么都聊，乱说，而且我们经常结伴一起演戏、排戏，成为一体。

一九八三年左右，台湾的郭小庄要唱《尤三姐》，并到林肯中心演出《白蛇传》，她在身段上有些疑惑，便找我帮忙。我为了帮她，二话不说，专程飞去上海跟童老师学了整个戏的唱作身段，然后再转教给她。当然，童芷苓的东西可不是要学就能学的，她是真正的中国戏剧表演艺术家。

童老师后来依亲也来到纽约。我们师徒俩一搭一唱，倒也做了不少事情。如：我们到联合国去向一群老外解说中国古典戏剧之美，并当场做示范。这看似简单，实际上却是一件非常不容易的事。中国的京剧名家多如牛毛，但能在联合国表演的，也唯有童芷苓而已。至今我仍留着当时外国媒体赞扬我们的报道。那日，最后我还和童老师合演了一段《追舟》，她演小尼姑，我演老渔翁，一来一往可真过了瘾了。

内举不避亲，童芷苓和江青同时得到第三届的亚洲最杰出艺人奖。童老师对得奖是非常重视的，因为传回大陆有很大的实质意义。她平素以唱戏自娱，但是，她对自己的分量还是很有坚持的。

那一阵子，童老师看到李宝春到了台湾大有发展，非常羡慕，也兴起来台湾表演的念头。她知道，在台湾，她还有一些当年在大陆听过她的名号或看过她的戏的观众。台湾的“文建会”终于让她如愿，请她到“国家剧院”演出三场戏，她知道之后高兴得不得了。今天回想起来，我非常后悔没有阻止她去台湾，如果她没去的话，她会是一个一直高高在上的京剧表演艺术家，维持她崇高的地位。可惜她去了台湾之后，反而有些不美之处。

童老师和童小苓到台湾的时候，我早两天先到台北打点做先头部队，而后带着记者亲自去中正机场接的她们。《联合报》的创办人王惕吾给她做了一星期的宣传，她十分感激，可惜的是，她唱《王熙凤大闹宁国府》的前一天晚上，得了轻微风寒，临时还得到一家诊所去吊点滴。第二大她上场时嗓子就少了点水音，让有些观众有点失望。

台湾有个名人名票友叫朱婉清，做了一件有点过分的事。她请童老师唱《尤三姐》，作为开锣戏，自己却大剌剌地和李宝春唱《女斩子》作为压轴。你说世上有这个道理吗？还有个自称戏剧家的也来瞎起哄，要组个什么“童芷苓国剧社”，由她自任会长。

唉！童老师呢？聪明一世，糊涂一时，人总有盲点。她“文化大革命”时在牛棚里待了整整十二年，什么苦没有吃过？浪费了人生最好的一段岁月，她不服气要追回来，结果就有了盲点，反而被人闹出这些事来。所幸的是，她自己并没有在意。童老师晚年好不容易赚到了一些钱，在纽约皇后区东买一个小公寓西买一个小公寓，准备好好过日子享享晚福。而且小苓又争气，戏也一天一天在进步，为人也正直，努力有原则，长得漂亮，又嫁得好，儿子也孝顺，童老师老来安慰，谁知一场大病迎面而来。我带着徐露赶到医院，徐姐替她祝福祷告唱圣诗，但第二天童老师就走了。万般皆是命呀。

我的第二任妻子王敏，是童老师的学生，我的婚姻可说是童老师一手促成的。所以说，无论是在生活上还是舞台上，我都跟童芷苓有不可分割的关系。我知道一些传统票友如陈彬听我大捧童芷苓都大摇其头，在他们的心目中，只有梅兰芳才是真正的大师。有关这一点，我曾请教过上海昆剧院的团长小生蔡正仁，他说：“童芷苓是荀派花衫之最。”余秋雨也有类似的看法。哈哈，德不孤，必有邻。我认为梅大师的命就是好，神台上的神仙，不需要动，每天就有人来拜他。而童芷苓是真会演，什么都能演得入骨。所以，我就是认为童芷苓比梅兰芳好，而且不只是好一点点。怎样？

于上海童家见童芷苓。

周龙章亲赴上海向童芷苓学戏。

戏曲艺术家

裴艳玲

女生男相的国宝。

唱孙悟空、钟馗、哪吒，

天下无敌，空前绝后。

出不来第二个裴老师的。

我爱裴艳玲，我爱裴老师，认认真真唱戏，规规矩矩做人，这就是我的裴艳玲老师。

二十世纪九十年代，裴老师到香港四进四出。那时候国宝不多，但香港的戏迷就是称她为国宝，迷倒了多少戏迷。好几次她在香港唱戏，我都会同鲍太太、胡权女士她们一同专程去香港捧场。裴老师本工是唱河北梆子，也唱京剧。裴老师是个怪人，一百年也出不了第二个。她是女生男相，而且她的举止行为都像是个男人。裴老师平素也喜欢跟男孩子交朋友，以戏为友。裴老师是一个为戏生、为戏活的艺术家，和名利一点关系也没有，就像李安爱电影。

她那身武功不知怎么学来的，你看，她能文能武，能勾脸，能素妆。女人唱孙悟空的很少，女人唱钟馗的更不可求，她唱《钟馗嫁妹》。女人唱《林冲夜奔》的也很少，因为女怕《思凡》，男怕《夜奔》，这都是难度很大的戏，但是她都能唱。她从来不唱旦，因为她不像旦。她能唱花脸，

裴艳玲与周龙章摄于台北。

叶青、周龙章、裴艳玲。

也唱哪吒，她就是个假小子，平常人们也称她为假小子，tomboy。

她为人非常非常好。她在石家庄，所以要来纽约上林肯中心的舞台领奖非常费事。她是第二个没有亲自来领奖的得奖人，另一个就是我的老师尹桂芳。尹老师是病了，不良于行，在纽约我们组团，二十七个尹迷一起把奖座从纽约送到香港。裴老师的亚洲最杰出艺人奖也是我亲自送到大陆给她的。后来，她倒是参加了大陆的一个综艺团来纽约，要独自表演五六分钟。那时候，她只要求一张商务舱的机票，我都已经找好香港人来赞助这张机票了，可是她还是运气不好没来成。

我跟她互动比较多的还是在台北。新象请了她来台北，我带了我爸爸专程去看她。她打电话给我问候我爸爸，因为我爸爸是个戏迷，很懂戏的。她说跟老太爷谈戏，觉得台湾懂戏的戏迷真多。唱《夜奔》她是唱昆的，她说全世界最棒的昆剧观众在台湾。

很多人问我，裴艳玲好在哪里？我认为，她好在文武昆乱不挡。她能唱男的，也能唱女的，能唱老的，也能唱小的。老生她唱余派，武生她唱盖叫天的盖派。武生她更扎实了，她可以从四个桌子上翻下来，这不是普通人能够做到的。空前绝后呀！

京剧表演艺术家

梅葆玖

除了头上顶个“梅”字，

上得去也下得来。

梅老师人是绝对的好人，

维持了梅家的气势。

一九八九年，纽约的戏剧界真是空前绝后地迎来了一件大事。那时候国内还没有怎么开放，戏剧演员们想到美国来很难，尤其是二十世纪三十年代梅大师来美登台后，一直当神话一样地在宣扬着，夸大着，想在纽约的舞台上站一站，那可是上了神台的大事。就在那年，唱青衣的梅葆玖带了他姐姐葆玥及他夫人登上了纽约林肯中心爱丽丝大厅的舞台，从纽约文化局的局长手中领取了亚洲最杰出艺人奖（Most Outstanding Asian Artist Award）。相隔四十年后，海峡两岸戏剧界重量级的演员，首次在大西洋的彼岸坐下来互相讨论中国戏剧何去何从。梅老师首先发言，接着是我的老师童芷苓及台湾第一老生胡少安。

在当今中国，葆玖一家可以说是全国最后一个贵族家庭。他虽然不是什么王公贵族，可是他们家里保持着那种贵族家庭的气派、规矩、分寸、气度及层次，那是大家公认的。讲梅葆玖的话，不能不讲到他的爸爸梅兰芳吧。台上一出戏，台下一出戏。梅家台下的这出戏，比台上的一出戏唱得漂亮多了。说起来，他们梅家是占尽了天时地利。梅兰芳在世的时候，普通老百姓过日子娱乐少，整个社会的气氛是宣扬京剧的，白天工作，晚上就去戏园子听听戏。

梅葆玖是沾了他整个家族的福气，一辈子就是个梅派传人，什么都不敢动了。碰到什么要说话的场合，只说：好，好，好！不容易，不容易。八十岁的梅老师在现在中国的京剧界是个顶啊，谁也不敢动他。他也寂寞呀！听多了那么多不实在的马屁话，有什么意义呢？幸好有个卢燕阿姨三天两头在北京陪他，真比亲姐姐还亲。这也是他修来的福气，和 Lisa 的缘分。

葆玖到纽约领奖的那年，不但他太太来了，他的姐姐葆玥也来了。我把梅葆玖老师托在一个票友 Nancy 贾的家里。结果住进去那天，梅葆玖有时差累了，就先去睡觉。Nancy 二话不说，就跑去他的房门外听壁脚。她先生问她："侬做啥啊？"她说："我要听听看梅派打呼噜是怎么打的。"你说好不好玩？几年后葆玥往生，我还为她在纽约做了个纪念演出。那真是一个规规矩矩、正正派派的大户人家出来的好女人，一点不和她弟弟抢风头，气质又好，中华儿女都应该以她为好榜样。我有幸和她相处几天，真叫人舒服极了。

旧社会唱戏吃开口饭的，都是上不了台面的低层人物，所谓的戏子、婊子、叫花子，多苦呀，下了戏任何大角谁也不能不陪着地方上有力人士吃饭打屁，共产党来了改变了这一切。今天，每一个中国戏剧演员出出进进都成了表演艺术家。而梅家的教养、气度尤其真正不凡，不得不让人钦佩。他们个个都自爱，也是太难得了，真的不容易。

梅葆玖赠送梅兰芳贵妃醉酒人偶给周龙章。

首次国剧座谈会，左起：梅葆玥、胡少安、梅葆玖、童芷苓。

京剧表演艺术家

张君秋

晚红了几年，因此成了四小名旦。

艺好人好，忠忠恳恳养活了全家人。

对人好，对自己不好。

今天已经无旦不张。

在我这几十年做这份工作请了海峡两岸这么多演员、艺术家、戏剧家的过程中，无可否认地，我能够请到张君秋来纽约，是我生命中的一个highlight、一个高潮，也是我工作史上最辉煌的一页。

他和顾正秋的到来，已经不是一个华人社区的活动，而是华人世界的一件大事。无可否认地，他在中国大陆是一个国宝，一个不可动摇的国宝。张君秋德艺双全，他真的是个好样的京剧演员。那个时候，的的确确是“无旦不张”，要不是主流捧着梅派的话，张君秋早就把梅派完全打掉了。没有一个学京剧旦角青衣的人不是以张派为主的，因为他多彩多姿，他嗓音好，里面的花样多，转弯抹角的。当然，现在批评张君秋的人，就可以说张君秋太俏，梅兰芳雍容大度。其实呢，真的讲唱的话，张君秋是真的有一套。我也真是运气好，命也好，当年能够请到张君秋来纽约。那时候，我真的是初生之犊不畏虎，逮谁就请谁。

那个时候，中国大陆的演员到美国真是一件大事，没有像现在这么方

梅兰芳（前排坐者），后排站立者为张君秋和他的妻子谢虹雯。

便。整个中国刚刚开始开放，也没有这么多中国人在美国，所以，张君秋能够到纽约，到林肯中心，领取由纽约文化局局长亲自颁发的亚洲最杰出艺人终身成就奖，在一九九〇年真是华人世界不寻常的大事。奇怪，只要时机对，这种事都给我办出来了。

我是先到香港，把张君秋的三张机票的问题解决。为什么是三张呢？因为张老师真是如假包换的国宝，而且年纪也不小了，总得有人陪着，所以请他太太谢虹雯及一个学生蔡英莲陪着过来。其他方面，我没有做什么大的准备，因为他也没有带一个大团队来。

可是张君秋来的时候，我是开着一辆小破车去接他们的。一接来之后，他们就住在我的小公寓里。张君秋和他的太太睡在我的卧房里，他的学生蔡英莲和我就打地铺睡在我的客厅里。住了两天之后，实在觉得有点不像话，我就找到计阿姨，她有个别墅在新泽西和纽约的交界处，我就让张君秋他们搬过去。计阿姨是做股票的，张君秋住在她家的两个礼拜，她不能做股票，也可以说是有点损失。过了两天，顾正秋和她的儿子就杀到了，他们住在中央公园旁的 Plaza Suite Hotel。因为张、顾两人领奖当天都不唱，所以带的人都很少，但是全美加各地的票友就赶到纽约来拜见这两位大师。

领奖那天晚上唱的是红虹的《刁蛮公主》，红虹从台湾带了个四十五人的粤剧团来纽约表演。我的压力之大，简直无法形容。我有一只耳朵聋掉，就是那次奉送给他们的。你看我的左耳，有百分之九十聋掉了，所以我每次同你讲话，都要站在你的右边。

张君秋真是个大师，他不但人品好、戏好，还存下来《状元媒》《秦香莲》《望江亭》等一大堆戏，所以梅、尚、程、荀之后，还出了一个张派。这几个派别之后，就旦角而言没有人能成派了，时代也变了，可说都是天时地利人和凑对了。

在纽约，我接了他之后，一堆票友到我家，我准备一些吃的，大家热闹一阵子之后，就要准备睡觉了。这时候，他太太就跟我讲了："龙章啊，你把我们请来，我们也都来了。每天的零用钱，你一定要为我们准备好的喔！"我那时不太懂这种规矩，但她既然开口了，我当天就给了她五百美金。

领奖那天，开戏前我们先颁终身成就奖给张君秋和顾正秋，颁完奖后，先请计阿姨把张君秋送回家，然后红虹的《刁蛮公主》演完后，再颁亚洲最杰出艺人奖给她。没想到，纽约文化局局长 Mary Chainball 一直留着看完《刁蛮公主》颁完奖才走，三五个钟头下来也真难为了她。往年文化局局长都是颁完奖，拍完照就撤了。

第二天，顾正秋在五星级的 Plaza Hotel 大厅上面替我摆了一桌庆功。那时候，我就跟顾阿姨说："你这桌一定要加一个计阿姨，没有计阿姨的话，张君秋我是没办法安排的。"顾阿姨听了当然说好，虽然她并不认识计阿姨。

顾正秋见到了张君秋，当然是"老师长""老师短"地叫个没完，说："再也认不出您了。"他们两个止不住地谈京剧，我记得最清的是顾正秋跟他谈全本《汉明妃》，其中有一句唱词是“恨君王……”张君秋说：“‘恨’这个字不妥。第一，君王派你去和亲，你只能怨，不能恨。第二，君王后来又疼你王昭君了，你还恨他吗？所以，这个字应改为‘怨’。”就这样，一字之差，他们都可以讨论好久。那时候，因为京剧没观众，大陆有一大批人要改良京剧，台湾也有一些人乐此不疲。张君秋和顾正秋认为，改良京剧要改了之后变“良”，要是改了变“不良”，倒不如不改。所以，首要之务，是要把传统先唱好，基础打好，才能再谈如何改良。

张君秋是老派艺人，他们那个时代的人多半会一点儿诗琴书画。在来美国之前，他的夫人谢虹雯就准备了许多张君秋的亲笔书画，到了纽约之后，就每张三百五百美金地卖。卖完了之后，票友们还热情地要，所以我就在中国城买了毛笔和宣纸，让张老师在纽约当场画，画了再卖，卖了再画。当年有这规矩，演戏的到了一个新码头，戏迷票友是很乐意送红包的，所以那次来，张师母是“袋袋平安”的。

张君秋老师是个忠厚老实的人，也不太会讲话，挣了一辈子钱后养活了这一大家子，回北京后没多久就往生了。后来蒋宋美龄一百岁大寿，我们也请了唱马派的张学津老师来纽约唱《龙凤呈祥》替蒋夫人祝寿。张学津和他的父亲张君秋是唯一的一对父子相隔几年在同一个舞台上，从纽约文化局局长手中得奖的。另外有一对母女是红线女和她的女儿红虹。那些都是当年中国戏剧界的盛事大事。

我第一次见到张君秋是在北京，我去是特地为了跟他提领奖的事。一直到他表示他有意愿出来，我才意识到得亚洲最杰出艺人奖对他实是不敬。为什么呢？因为一九八九年梅葆玖就得了亚洲最杰出艺人奖，梅葆玖是张君秋的晚辈又晚辈，他既已得了亚洲最杰出艺人奖，张君秋总不好也得同样的奖吧？ 所以，我就想出了终身艺术成就奖。在一九九〇年，也就是我们从事颁奖活动以来的第十周年，颁给张君秋、顾正秋。

从那一年起，美华艺术协会就有三种奖：一是亚洲最杰出艺人奖，一是终身艺术成就奖，另一个则是特别奖。为什么要设立特别奖呢？因为在一些亚洲社区，有一些人士为艺术出钱出力，他们也许本身的艺术成就不高，可是他们对艺术的贡献却同样值得鼓励，所以才有“特别奖”的创立。我们美华艺术协会的颁奖典礼，到了这时候已创下了两个高峰：一是马友友来领亚洲最杰出艺人奖，另一个则是张君秋来领终身艺术成就奖。他们两位领奖，的确拉抬了美华这个奖项不少声势。

每一个奖项都有它的局限性，即使是奥斯卡奖或是诺贝尔奖，也各有它们的局限性。但是，在海峡两岸的各种奖项之中，不管是金马奖也好，金鸡百花奖也好，没有一个奖这三十年来的得奖名单可以比得上我们，不可能的。我们有傅聪、马友友、林昭亮、张君秋、童芷苓、李天禄、张君秋、梅葆玖等。你现在要颁奖给马友友，有可能吗？他也不会去领的。这就应了一句话，命中有时终须有，命中无时莫强求。现在京剧界中有多少人在等领这个奖，他们心里想：“我要得了这个奖，我的地位就跟张君秋、梅葆玖一样了。”这真是个大错特错的想法。要知道，张君秋不是因为得了这个奖才成为张君秋，而是因为他是张君秋才得这个奖。

张君秋嗓子极好，但是没有什么身段。所以，他应该说是个歌唱艺术家，而不是个表演艺术家。有人称他是“张一指”，意思是说，他所会的身段就是东指一指，西指一指，如是而已。当年他到上海戏剧学校教《汉明妃》，当中有个学生就是顾正秋，所以顾正秋管他叫老师。但是，《汉明妃》中有许多复杂的身段，张君秋是自己来不了的。

总而言之，我在纽约这几十年累积了这一点小成绩，是一点点熬出来的。我又没有人，又没有钱，凭的就是我的胆量、运气和一些贵人的相助。张老师风光离开纽约之后，我是非常想念他的，成就那么高，人那么厚道，那么本分老实，一辈子辛苦养活了那么多人，真苦了他了。外面的风光体面，事实上他一辈子受了多少委屈！旧中国的戏剧圈要生存要吃口饭多难呀，社会上的牛鬼蛇神都要面面俱到打点好，得罪哪方都万万不可。“文化大革命”这一役二十年多苦呀，而张君秋老师对京剧界的贡献是无人可及的。中国现在好了，起飞了，但是他自己却一点没有享受到，几十年来我看在眼里记在心里，老天爷有时候也真不公平。

双秋会，后排左：任祥（顾正秋女儿）、周龙章，前排左起：谢虹雯、张君秋、顾正秋。

和张君秋夫妇合影。

越剧表演艺术家

金采风

中国戏剧牡丹花越剧的天王巨星。

南方金采风，北方梅兰芳。

中国有三百多种地方戏，其中越剧很有影响力，尤其江南一带，是中国戏剧的一枝牡丹花。二十世纪七十年代，我年少时从台湾到香港，当晚看的第一部电影就是金采风主演的《碧玉簪》，那部电影让我印象非常深刻。后来整本所有的剧情、唱词，都被大导演李翰祥搬到台湾用黄梅调的形式拍成另一个版本的电影，叫《状元及第》，由江青、钮方雨主演。

真是很有缘的，第一次到上海我就认识了金老师。过程我也不记得了，当时就觉得她人好好，这么柔美的艺术，这么红，但是没有一点大头症，后来我们一交往就是几十年，一直到现在。越剧有十姐妹，大部分是当时最红的小旦小生，包括袁雪芬、范瑞娟、徐玉兰、尹桂芳、傅全香、筱丹桂、竺水招、张桂凤、徐天红、吴小楼。其中好几位我都请他们来过纽约，不是得奖就是演出。金采风今年已经八十多岁了，她是越剧最后一个派别。袁雪芬有袁派，徐玉兰有徐派，尹桂芳有尹派，范瑞娟有范派。金采风是最后的金派，金派以后，越剧就再也没有所谓的“派”了。

越剧名伶金采风女士。

我本身是上海人，我从小就会讲上海话，上海话跟越剧的绍兴话是很相似的。所以，除了京剧以外，我最熟悉的就是越剧，我最喜欢京剧，其次就是越剧，这也是我喜欢结交越剧表演艺术家的理由。南方金采风，北方梅兰芳，这是喜欢金采风的人的说法。

有人问我："你请那些人来干吗？"大多数又是没有票房的。但金采风有票房，因为越剧是个大剧种，在上海地区的观众群还超过京剧。在纽约有很多老侨是来自上海或江南地区，他们都喜欢越剧。八十年代，皇后区的皇后图书馆开业，这个图书馆下面有个场地，刚好我拿到了这个剧场开幕演出的合约，所以我就请金采风来演《碧玉簪》，那是这个图书馆推出的第一台中国戏。那时候，外面排队的人群有两条街那么长，而且等待进场的观众还在外面打架，可以说是创了纽约的纪录。我想，一来是因为看戏是免费的，另一个原因是观众实在饿戏饿太久了。

金采风那次总共演了两出戏，一是《碧玉簪》，一是《盘夫索夫》。那时金采风是独自一人来的纽约，那其他的演员、文武场怎么办呢？八十年代开始，皇后区的中国城有很多的上海人，有"小上海滩"之称。越剧的班底非常多，里面唱越剧的，各式各样的角色都有，而且有的文武场是可以用国乐来代替的。我请到了很好的乐队，在皇后区演了两场之后，她也到林肯中心领取了亚洲最杰出艺人奖，跟她同时领奖的是台湾的艺人魏海敏和明华园的老团长陈明吉。颁奖典礼晚会上孙元坡和魏海敏演出了《霸王别姬》，颁奖的人是NEA驻纽约的代表Dr. John Heywood。

金采风在纽约皇后区演出《碧玉簪》后谢幕。

我每次去上海都会去看金采风，每隔一阵子金采风也会给我打电话。虽然她比我大，但是她跟我很有缘分，总是叫我“龙章弟弟啊，龙章弟弟啊”。她本来师承袁雪芬，她人也非常好，到这个年纪还经常到各小区或老人中心去演讲清唱。现在她八十多岁了，自创了金派。

我这几十年来，看着国宝来国宝去。有的有缘分的，像金采风就跟我成了好朋友，有的是领奖之后，老死不相往来。金采风在纽约表演的时候，那些热情的华侨硬是一个花篮一个花篮的美金往台上送。难得的是她只一个人来纽约，但是我就是有本事把其他的条件都备齐了给她。

越剧表演艺术家

尹桂芳&傅全香

早年越剧每人一派。

二十世纪三四十年代在上海滩的红，

可不是张三李四比得上的，

就算当今的张学友也不够看。

新中国成立初期，中国戏剧百花齐放，在江南一带越剧更是独领风骚。徐玉兰是越剧电影《红楼梦》的主角，她演贾宝玉，那时候十亿人口没有人不知道《红楼梦》，没有人不知道贾宝玉的。今天你到上海去参观《红楼梦》大观园的观光园地，每一分钟空气里都是徐玉兰、王文娟在唱“天上掉下个林妹妹”，没有人不知道的。

但是以我的看剧水准，徐玉兰再好，怎么好得过我的老师尹桂芳演的贾宝玉呢！可惜尹老师没有这个命，台上一出戏，台下一出戏，台下的戏比台上难唱多了。尹老师台下的那出戏没唱好，最后只能从上海移居到福建，在福建成立了“芳华越剧团”，虽然也算成功，但怎么可以跟上海这个大码头比呢！等尹老师再回到上海的时候年纪也过了，大势也去了，再加上一个病魔，也就终止了“人民艺术家”尹桂芳的时代。当年的《沙漠王子》《何文秀》《黛玉与宝玉》就成了屈原郁郁不得志，含恨而亡。

越剧又有个无旦不傅的傅全香，就像在京剧界是无旦不张一样。每个学青衣的人都要学张派的。傅老师的歌腔真假嗓相互交叉运用，二十世纪三十年代一出《王魁负桂英》、一段《梁祝》“我家有个小九妹”真是红遍大江南北。大陆把这几个老艺术家保护得很好的，傅派是越剧中的大派之一。傅全香在纽约领了奖之后，我安排她在中国城演出了《梁祝·楼台会》，非常轰动，宾主尽欢，大家开心。很奇怪，纽约这块宝地，华人观众看中国戏剧最多的是粤剧、京剧和越剧，其他剧种如闽剧、黄梅戏我也请过，就是不上座。

我呢，因为沾了纽约林肯中心的头衔，所以常常有机会请大陆的知名演员到纽约演出。而大陆的演员、台湾的演员当年最喜欢出国表演，八十年代末九十年代初，如果能出国演一场，回到大陆就不得了了，他的名气就大跳三级，是人生最风光的时候，所以人人想来国外宣扬国粹。八十年代，美华艺术协会写了一张聘书给大陆的演员，夸张一点地说，他们都会把我的聘书裱起来贴在墙上，那只能说我是“ in the right place, in the right time”，别的人没有这么好的机会，只能说是好运让我碰到了。而且我又愿意做这种事情，我愿为艺人做牛马，那你能怎么办?

后来大陆改革开放，我到上海去拜师，我拜尹桂芳为师，没过多久尹老师病了，连话也讲不清楚，天天被人抱进去抱出来。当年在台上万人崇拜的人民艺术家尹桂芳“活宝玉”，最后在家里寂寞地走了。现在又看到当年在台上“打神”似乎会飞的傅全香，孤零零地在医院，白天等晚上，

越剧无旦不傳的傅全香赠亲笔画予周龙章。

晚上等天亮，心里真是难过。我已有两年没看见傅老师了，但我常问："傅老师还在吗？"她身边的人说："罪过啊，罪过啊，还在，还在。"

她坐在轮椅上，照顾她的葛阿姨是个戏迷，心甘情愿地扒心扒肝地看护她，最后两年我去上海华东医院看她。老天爷对你好的时候，你什么都有，但一场病来的时候，就得乖乖地躺在医院。现在你看，这么红的演员，最后在华东医院的九楼，坐在轮椅上，白天等晚上，晚上等天亮。唉！这就是人生。

陈丹青绘

京剧表演艺术家

张火丁

忽如一夜春风来，千树万树梨园开。

说张火丁是当今最红的中国戏剧演员之一绝不为过。

早一阵子在纽约的非戏迷观众，十个有八个没听过张火丁的名字，经过今年九月初林肯中心的演出后，我保证这种情况大有改观。京剧大部分专业名演员有一个通病——“唱！唱！唱！”“演出！演出！演出！”追求完美，追求一百分，但对炒作宣传就零分了。

张火丁老师也是戏曲名角中颇具神秘感的一位，她很少接受采访，难得开口，也惜字如金，在台上戏的好坏由观众自己评价，从不利用名人的名字提升自己的层次。曾经有过一个时代，戏剧演员要成名，周围一定要有文人雅士托举吹捧，一个名伶到一个地盘唱戏，一定要先访当地名人富商，称之为“拜码头”。张火丁不用，“真艺人”的名声就这样流传开来。认认真真地唱戏，规规矩矩地做人。真“先生”也，也真“大家”也。

二〇〇五年冬天，在北京因为好友中国京剧院前院长王玉清的引见，有幸见到偶像张火丁，话题就从“高冷”开始。晚宴上，她说自己说得少是因为不知道说什么，“对我来讲是太难的事儿，有时候甚至语无伦次”。

然而当话题转向京剧，转向她爱的那些戏、那些角色时，她的话匣子打开了，竟侃侃而谈了一晚上。

舞台下的张火丁，低调、羞怯、娴静、内向，但她的内心，像大多成功的人士一样，有自己的坚持。别人唱戏七八岁进科坐科，一学七八年，但出科后不知京剧为何物的也大有人在。张火丁不是，十五岁才开始正式学戏，相比大多数戏曲演员，张火丁起步晚了很多年。以她的年龄不应该再上戏校，却还是放不下心中那点痴念，于是成了天津戏校首批自费生。学程砚秋也是她自己的要求，毛遂自荐，跟老师说她想学程腔。

当年张火丁出科，正是京剧在历史上最困难的时期，最大的问题是没有观众，没人买票，几乎没有演出的机会，几乎看不到前途，看不到未来。身边很多同学一个个转行影视界，有些更是名利双收，她却一头扎进京剧世界，终身献给她的至爱京剧。

所有这些坚忍和执拗，大概只有一个原因，那是戏缘，爱上京剧。“那年我十岁，从此一往情深。而所有流派里，不消说我最爱程砚秋，唱腔幽咽婉转，剧中的角色个性大气。程腔那种含蓄，符合我对于美的理解。”

她评价《锁麟囊》里的薛湘灵：“她非常善良，但这种善良不是软弱无力的。她很有个性，能够做到别人做不到的事。我演了这么多年的《锁麟囊》，可能每一场的表演都会有所不同，但是在对人物的理解上从来没变过。”

除了唱功好外，身段也多，尤其是《珠楼拾球》一场，张先生连舞带唱，更连带水袖飞舞。我真不相信当年一个唱旦角的，真能来得了那么多重活身段。但如果张先生也能在这一折子的演出中，稍稍收紧一些过度要彩的刻意，水袖再多加几分柔功，将更会带动观众，美不胜收。

《白蛇传》本来不是程砚秋大师的传统老戏，但他的剧情丰富，戏腔悦耳。《游湖借伞》中仙女下凡，诗情画意，白娘子唱："雨过天晴湖山如洗，轻风习习透罗衣。"许仙接："真把西湖比西子，淡妆浓抹总相宜。"载歌载舞的身段，好一片江南景色。

《结亲惊变》一折，人性的猜疑，"含悲忍泪托故交"，连水袖带身段扫堂下场的一段流水，就不由你不惊喜叫好连连。《盗草》中拂尘连唱带舞外，更带出鹿鹤二仙童与白娘子对剑，你来我往的剑术，处处惊艳。

《水漫金山》的全武行，天兵天将与白娘子对枪，青儿的京剧绝活"出手"，满台刀枪飞舞。接着青衣正旦的《断桥会》大段唱功，"青儿慢举龙泉宝剑"。普通角儿贴这出戏，至少得两三个旦角分拆着演出，但张火丁一人从头演到底，瘦瘦弱弱的一个身子骨，真佩服她是怎么顶下来的，那是多大的功力呀。

《春闺梦》是张火丁先生少数成名的"生旦戏"，剧中张老师所主演的张氏与宋小川所演的王恢那段载歌载舞二六转流水调——"可怜负弩充前阵，历尽风霜万苦辛，饥寒饱暖无人问，独自眠餐独自行"，几乎可以与《锁麟囊》中的"春秋亭外风雨暴"唱段并列为张火丁先生的经典唱段，让爱戏爱程者百听不厌。

而谁又能说，这份心得的背后，不是先生和角色的惺惺相惜？

冬天、秋天、春天，张火丁总是喜欢围一条围巾，那是为了护嗓。因为有一年她演出《江姐》，唱到《红梅赞》时，突然咳嗽，没能演唱完整。她为此在谢幕时向观众哽咽道歉，文武场重回台上，起琴再歌《红梅赞》，然后谢绝献花，退场。

张火丁老师认为，要成为今天的京朝大角，除了唱念做打，努力演好每一场戏，是一个专业演员最基本的自我要求外，每场演出对她来说都是大事，哪怕是耳熟能详的剧目，演出前一遍遍默戏，直到站上九龙口那一刻。每一次的演出录像，下戏后她都会反复看，看自己哪里还有进步的空间。

平日里，不上网，不用微信，除了琢磨戏，练功是她生活的全部，几乎没有别的爱好。“娱乐几乎是零。那些都太麻烦了，太费时间，时间很宝贵。”年复一年，行外的人不能了解，行内的人说她痴，笑她傻，观众都没了，有必要吗？

对于演出条件，她也有自己的坚持。二〇〇七年，她在拥有三千人座的北展演出《江姐》和《锁麟囊》，门票一售而空，全院满座。但张火丁在台上感觉不到京剧舞台应有的台上台下互动的剧场氛围，那让她心里不踏实。自那以后，她一直对太大的剧场心存抵触。京剧从清朝开始就是在二三百人的剧场演出，一上了大舞台、大剧院就会失去京剧的原汁原味，原来的小腔好腔没有了，只求高音，以求台下的掌声。

最知她爱她的铁杆戏迷，也很少看到张火丁像其他演员一样穿影视剧歌星明星式的服装上台清唱，出席各种庆典晚会。她演出不仅要“扮上”，而且要有完整的剧情。只有这样她才能入戏，才能找到那个属于舞台的自己。“专注”，她用这个词形容在台上的感受，从第一次登台到现在，都是这样。扮好戏门口一站，张火丁就全身专注兴奋，全力以赴，一到九龙口就要他一个碰头彩，全剧开始。

在整个中华戏剧不景气的今天，八零后、九零后绝难进剧场。当她被问到是什么原因“自己每次演出都一票难求”，张火丁说了，“是因为我真的用心在做，现在进剧场来戏院看戏的观众已经非常不容易了，他们非常懂戏爱戏，我们不能侮辱他们”。

时代不一样了，古时候六七十岁的老先生老太太还在台上演小红娘、杨玉环。张火丁没有一出演出“青春正二八，身长在贫家”，永远演着适合自己年纪身份的角色，而能做的，是对待每一场演出都像坐科的学生那样诚惶诚恐。也因此才终于迎来了属于张火丁先生自己的时代。

演小尼姑追舟《秋江》，排现代剧《江姐》，都是她为开拓自己的戏路的尝试。先生不愿只做一个一派传人，一个山寨版的某人，先生要做京剧表演艺术家，每回上台都演出自己的风格，时代不同了，是到了进步的时候了。

《锁麟囊》是张火丁最出名的代表作，但是她自己最钟爱的却是另一部名剧《荒山泪》。“这部戏很全面，唱念做表并重，而且是当年拜师赵荣琛老师学的唯一一出戏。”她这样解释自己对《荒山泪》所怀抱的特殊感情。

张火丁拜在赵荣琛门下时是一九九三年，赵荣琛已经七十八岁。她回忆当年："诚惶诚恐，难得有这个大缘分向学于赵大师。"

今天的孩子和她当年相比，多好的条件呀，张火丁仍然希望他们像她一样，对学戏这件事要满怀敬畏之心。只有"带着敬畏之心，才能学到东西。要爱京剧，只有爱京剧才能学好京剧。学中国戏剧太苦了，还不知前途在哪里。如果你不爱它，只是浪费了老师们的精力、自己的岁月。"

二〇〇八年，张火丁加入戏曲学校教学，带来的最明显的变化是，她自己演出的次数少了。二〇一四年，完成了结婚和生女这两件人生大事的张火丁复出，演了六七场；而之前在国家京剧院时，她一年要完成的演出是四十场。九月份，纽约的观众戏迷有幸一下子能欣赏到《白蛇传》《锁麟囊》两出张先生的经典。夫复何求！

她很坦然地接受这种改变。"当然我喜欢在舞台上表演，但是演了这么多年，也累了。演员总想把最好的自己奉献给观众，我所有的努力都是为了得到观众的赞美。但舞台艺术表演是现场的艺术，受各种因素制约和影响，很难做到十全十美。"年满四十五岁的张火丁这样说。

无论是她对自己的要求，还是观众对她的期望，无形中都让她承载了巨大的压力。年纪也已经不允许张老师一直处于这样的压力下。当然，对很多前辈或观众来说，她只是小妹妹，但毕竟今天已不容许五六十的老翁老太在台上歌舞《小春草》了。

但这并不表示张火丁封存了自己对于舞台的梦想，她想的始终是把京剧旦角最精华的一面展现在舞台上。而这最精华的一面，除了传统的表演和唱腔，更包括在人物塑造上的丰富，张先生不只唱角色，还要唱人物。

之前排演小尼姑追舟《秋江》，就是为自己开拓多方面的艺术形象，证明自己除了青衣，还可以塑造花衫。后来再排演《江姐》，是有过很多反对的声音。戏迷们想象不出幽咽婉转的张火丁，怎么表现江姐这个强人的激昂个性。最后，因为张火丁的努力也成功了，让观众也接受了。

今年九月完成了美国之行后，她的哥哥张火千（也是她的经理人，攻武生、老生）还在计划未来的欧洲之行——当年程砚秋一个没能完成的梦想。当年程大师自费在欧洲考察了一圈，回国后就商量带哪些戏走出去呢，结果因中国八年抗日战争开始，没有成行。而梅大师先行一步，一趟美国之行把梅兰芳送上了一个神台。万般皆是命呀！

一个秘密：张火丁自己最迫切的一个愿望，是出现像《锁麟囊》这样剧情简单但人物鲜明，且唱、念、做等表演俱全的剧本。京剧不是电视剧，一个剧情简单而唱腔精致的本子是必需的，张火丁一心想找这样的戏，但是没有。怎么办呢？

张火丁有这个火候，有这个能力创造出属于张火丁自己的传世戏宝。眼下只好等“缘分到”啦！毕竟现在京剧的戏码太少了，两百多年，每次《别姬》《醉酒》《春秋亭》《散花》，又怎怪观众不进剧场呢！京剧是我们先祖留下给我们的“宝贝”，一路上民穷国弱委屈了这么多年，现在国家富了，人才多了，是振兴国粹的时代了，先生加油！

后记

我说京剧

我是不学无术，但最反对唱戏要学什么派、什么派的。世界上任何艺术，最讲究的就是首创，不能光学着要成为一个 copycat，也就是我们中文所谓的“山寨版”。如果开口闭口就是八九十年前的陈年往事，非要后学者个个成为山寨版梅派传人、程派传人、马派传人，有什么意义？但是很多老先生一辈子研究程派、梅派、马派，你若要否定他们的做法，等于他们这一辈子都白活了。

二十世纪三四十年代，唱京剧的好角有多少啊，喜欢京剧的人又有多少啊。梅兰芳不见得是最好的，现在他留下来的带子就可以证明。当然，有人会说，亚伦，你看的带子已经是他老了时的作品了，他年轻的时候可是好得不得了。老什么老啊？他死的时候才六十多岁，赵燕侠、杜近芳、童芷苓七十多岁还在台上饰演“青春正二八，生长在贫家”的“金玉奴”呢。宋长荣老师七十二岁还在纽约市政厅演《坐楼杀惜》呢！当今京朝大角，哪个不是过六十还在台上生龙活虎满台飞？然后人家又说周龙章根本不懂戏。比专业我承认我是不懂，但我两岁家人抱着开始看戏，一看看了六十年，生旦净丑角色演过无数个，在海外办戏也办了数百出，大角小角请来纽约演出过百人，像我这样的观众硬说不懂戏，那这戏本身应该有问题，也太难懂了。您想号召什么样懂戏的观众入场呢？

某次在上海餐聚，余秋雨老师曾说，梅兰芳是当年所谓的四大名旦之首，是一九二七年上海的一家小报《顺天时报》选秀捧出来的。当年并没什么大的影响，选秀嘛，游戏游戏，炒作炒作，捧捧角儿，《顺天时报》称他是“比女人还要女人”。

男旦的第一要素，就是要漂亮。现在的刘铮也好，胡文阁也好，杨蕊也好，李玉刚等，都至少像个女人嘛，都比当年的大师漂亮。当然，现今的化妆技术也比当年高出几个班，但梅兰芳这么一个大汉哪里像个女人啊，留下来的《洛神》，光是那条腰就吓死人。

唉！时代也是不同了，就连四大名旦中的程砚秋、尚小云留下来的带子，只要没有意识形态的话，只能说惨不忍睹。尚小云的《昭君出塞》，坐在车里抱个琵琶，像大美人的样儿吗？《失子惊疯》更是男人演女子，穿女子服装却不做女子动作。程砚秋在《荒山泪》里简直像个鬼嘛，尤其他的水袖，传说中说是有多好，其实，在我看来，简直就是胡飞乱舞。吃他这套的死忠，说那就是化了，化了就可以乱来吗？现在小辈学程的，哪一个不比程砚秋更规范，更边式，更干干净净？你看张火丁的《春闺梦》、吕洋的《梅妃》，那才叫古典美人，那才叫美呀！

世界上没有一个表演艺术家，是因为学另一个表演艺术家才被肯定为表演艺术家的。弄一堆山寨版的梅派传人、程派传人、马派传人，有意义吗？再说，新一代有智的观众吃这一套吗？也从没听说过意大利歌剧家有什么派的。任何一个真正的戏剧家就要有自己的风格，因为你是你，他是他，无论你学得有多么像，你不可能是他，他更不可能是你。年轻人宁可玩自己的东西。

在纽约家里，我几乎每天都看中央电视台的戏剧节目。他们的镜头是不能拉开的，一拉开，就现出原形了。原来，只有前三五排有观众，后面几排全空着。没有观众怎么办呢？好吧，就弄个大奖赛吧，“噼里啪啦”弄了一大堆人。你也十五分钟，他也十五分钟。大家煞有介事，那些老爷子一本正经地坐在那边点评、高谈阔论，卖弄自己的所谓专家知识，讲点行话，以为自己是君临城下。大奖赛完后，出来了这个第一名、那个第二名等，但是根本于事无补，门都没有。因为社会的风气，根本不吃这一套了。那为什么还要设置一些必要的条条框框呢？

所谓“新学戏的孩子，要学穿破不穿错”，这明摆着不准进步。什么叫错，什么叫对呢？何况，现在这个年代还有穿破行头上台的吗？

京剧所有的皇娘娘，《大登殿》也好，《王宝钏》也好，《贵妃醉酒》也好，都是一套凤冠霞帔到底。为什么？因为当初中国很穷嘛。就这么几套行头，只好左用右用。像是青衣穷一点的角色，都是一件黑褶子，一副银泡头面，柳迎春也一件黑褶子，王宝钏在寒窑里也是一件黑褶子。

可是，今天你怎么穿破不穿错呢？就不能进步吗？八九十年前的东西就是零缺点了吗？这不是限制了戏剧的发展吗？中华戏剧到了今天，二十一世纪，该醒醒了，台上任何一个角色，就应该依他的时代背景和朝代、环境、角色个性，重新设计他的服装啊。哪能一套银泡头面、一件黑褶子，就打发掉？以前不进步，有很多理由不进步。现在你不进步，你就是懒，你就是骗，你就是在混事，就是皇帝的新衣，就是偷鸡摸狗。你看所有将领，都是一个靠，所有的官，都是一件蟒，什么朝代也不分。现在这种东西是无法说服人的。你们去自娱自乐吧，我不来看总可以吧。所以，观众就愈来愈少了。

京剧真要有新的未来，要有些根本的变革。

附录

历届亚洲最杰出艺人奖得奖人名单

第一届 李丽华女士（电影演员）

第二届 马友友先生（大提琴家）、黄安源先生（国乐家）

第三届 童芷苓女士（京剧表演艺术家）、江青女士（舞蹈家）

第四届 林昭亮先生（小提琴家）、郭小庄女士（国剧表演艺术家）

第五届 傅聪先生（钢琴家）、李宝春先生（京剧表演艺术家）

第六届 徐露女士（国剧表演艺术家）、黄哲伦先生（电影舞台作家）

第七届 罗品超（粤剧表演艺术家）、华文漪女士（昆剧表演艺术家）

第八届 齐淑芳女士（京剧表演艺术家）、常香玉女士（豫剧表演艺术家）

第九届 严兰静女士（国剧表演艺术家）、罗大佑先生（作曲家）

第十届 胡少安先生（国剧表演艺术家）、梅葆玖先生（京剧表演艺术家）

第十一届 红虹女士（粤剧表演艺术家）、杨丽花女士（歌仔戏表演艺术家）

同时颁发第一届终身艺术成就奖给张君秋先生、顾正秋女士

第十二届 王海玲女士（豫剧表演艺术家）

同时颁发第二届终身艺术成就奖给李天禄先生

第十三届 魏海敏女士（国剧表演艺术家）、金采风女士（越剧表演艺术家）

同时颁发第三届终身艺术成就奖给陈明吉先生（歌仔戏表演艺术家）

第十四届 言兴朋先生（京剧表演艺术家）、叶青女士（歌仔戏表演艺术家）、杨淑蕊女士（京剧表演艺术家）

第十五届 薛亚萍女士（京剧表演艺术家）、吕瑞英女士（越剧表演艺术家）

同时颁发第四届终身艺术成就奖给张岫云女士（豫剧表演艺术家）、袁世海先生（京剧表演艺术家）

第十六届 刘长瑜女士（京剧表演艺术家）、王海波女士（国剧表演艺术家）

同时颁发第五届终身艺术成就奖给林怀民先生

第十七届 孙翠凤女士（歌仔戏表演艺术家）、李桐春先生（国剧表演艺术家）

同时颁发第六届终身艺术成就奖给新凤霞女士、裴艳玲女士

第十八届 张学津先生（京剧表演艺术家）、杨春霞女士（京剧表演艺术家）

同时颁发第七届终身艺术成就奖给关静兰女士、尹桂芳女士

第十九届 李炳淑女士（京剧表演艺术家）、李国修先生（舞台剧表演艺术家）

同时颁发第八届终身艺术成就奖给卢燕女士、特别奖给秦雪玲女士

第二十届 廖琼枝女士（歌仔剧表演艺术家）、吴兆南先生（相声表演艺术家）

同时颁发第九届终身艺术成就奖给戚雅仙女士

第二十一届 王金平先生（国乐表演艺术家）、计镇华先生（昆剧表演艺术家）

同时颁发第十届终身艺术成就奖给红线女

第二十二届 岳美缇女士（昆剧表演艺术家）

同时颁发第十一届终身艺术成就奖给张少楼女士、薛亚萍女士

第二十三届 沈伟先生（现代舞蹈家）

第二十四届 彭丽媛女士（歌剧演唱家）、关侠先生（作曲家）

第二十五届 陈美娥女士（台湾汉唐乐府创办人）、张克先生（京剧表演艺术家）

同时颁发第十二届终身艺术成就奖给李瑞环先生（编剧家）

第二十六届 李炳淑女士（京剧表演艺术家）

第二十七届 马兰女士（黄梅戏表演艺术家）、蔡正仁先生（昆剧表演艺术家）

张火丁女士（程派京剧艺术家）

自二〇一〇年后，中国城万岁节目改为纽约中国电影节，亚洲最杰出艺人奖也改由电影界的演员领取。

另加设最佳导演奖。

纽约中国电影节得奖名单

第一届（二〇一〇年）：亚洲最杰出艺人奖：张柏芝、吴彦祖、苏有朋、蒋雯丽／最佳导演：程小东

第二届（二〇一一年）：亚洲最杰出艺人奖：黎明、秦海璐、徐若瑄、韩庚／最佳导演：高晓松

第三届（二〇一二年）：亚洲最杰出艺人奖：章子怡、郭富城、吴君如、伊能静／最佳导演：赵林山

第四届（二〇一三年）：亚洲最杰出艺人奖：赵薇、吴秀波、甄子丹、杨千嬅／最佳导演：赵薇